PHILOSOPHIE

DES

SCIENCES SOCIALES

I

OBJET DES SCIENCES SOCIALES

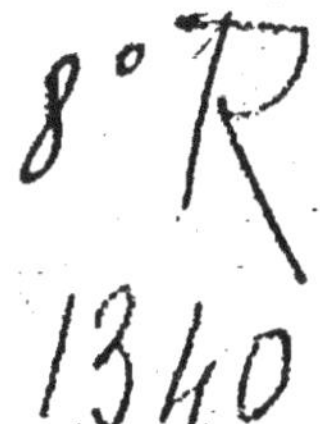

DU MÊME AUTEUR

Volumes :

De la volonté unilatérale considérée comme source d'obligations. — Paris, Giard et Brière, un vol. in-8° de 204 pages, 1891, épuisé.

Précis de philosophie, d'après les Leçons de philosophie de M. E. Rabier. — Paris, Hachette, un vol. in-12 de 410 pages, 1891.

Eléments de philosophie scientifique et de philosophie morale. — Paris, Hachette, un vol. in-12 de 180 pages, 1891.

La morale de Spinoza, examen de ses principes et de l'influence qu'elle a exercée dans les temps modernes. Mémoire couronné par l'Académie des sciences morales et politiques. — Paris, Hachette, un vol. in-12 de 331 pages, 1902.

« *De natura et methodo sociologiæ* ». — Paris, Giard et Brière, un vol. in-8° de 104 pages, 1896.

Organisme et société. — Paris, Giard et Brière, un vol. in-8° de 110 pages, 1896. Traduit en russe, Saint-Pétersbourg, un vol. grand in-8°, 1897.

La science et l'art en économie politique. — Paris, Giard et Brière, un vol. in-12 de 112 pages, 1896.

Articles et brochures :

La sociologie, 1893. — Sur la définition de la sociologie, 1893. — Essai de classification des sciences sociales, 1893. — L'anthropologie criminelle et la sociologie criminelle, 1893. — Observations critiques sur la sociologie et son enseignement, 1894. — Le premier congrès international de sociologie, 1894. — L'organisation scientifique de l'histoire, 1894. — La sociologie et l'économie politique, 1894 (traduit en anglais, 1896.) — Les théories modernes de la criminalité, 1894. — L'enseignement économique en France (publié en italien), 1894-95. — La sociologie et le droit, 1895. — La science et l'art en matière sociale, 1895. — Le second congrès international de sociologie, 1895. — Une faculté des sciences sociales, 1895. — Un laboratoire de sociologie, 1895. — Les diverses conceptions de la sociologie, 1896. — Sociologie et démographie, 1896. — Sciences naturelles et sciences sociales, 1896. — Le troisième congrès international de sociologie, 1897. — La sociologie et la morale, 1897. — La sociologie et la politique, 1898. — L'expérimentation en sociologie, 1898. — L'école et le crime, 1898. — L'esprit français dans les études sociales, 1898. — L'économie sociale, 1898. — Leçon d'ouverture d'un cours d'histoire des doctrines économiques, 1898. — L'induction en sociologie et les lois sociologiques, 1899. — Le droit d'association en Allemagne, 1899. — Psychologie collective et psychologie individuelle, 1899. — Les bases sociales, 1899. — Statique et dynamique sociales, 1899. — L'individu et la collectivité dans la science sociale et dans l'art social, 1899. — L'économie rurale et ses principaux problèmes, 1900. — La continuité des professions, 1900. — Le facteur économique dans l'organisation sociale, 1900. — Le quatrième congrès international de sociologie, 1900. — La mécanique sociale, 1901. — Les associations industrielles et la solution pacifique des grèves, 1901. — Le collectivisme et la propriété rurale, 1901. — Articles « Expulsion des étrangers », « Gouvernement », et « Loi », dans le Répertoire de droit administratif, 1900, 1901 et 1902. — Etc., etc.

Périodiques :

Revue Internationale de Sociologie. — Paris, Giard et Brière, dix vol. grand in-8°.

Annales de l'Institut International de Sociologie. — Paris, Giard et Brière, huit vol. in-8°.

Bibliothèque Sociologique Internationale. — Paris, Giard et Brière, vingt-sept vol. in-8°.

BIBLIOTHÈQUE SOCIOLOGIQUE INTERNATIONALE
Publiée sous la direction de M. RENÉ WORMS
Secrétaire Général de l'Institut International de Sociologie
XXVII

PHILOSOPHIE

DES

SCIENCES SOCIALES

PAR

RENÉ WORMS

DOCTEUR EN DROIT, DOCTEUR ÈS LETTRES
AGRÉGÉ DE PHILOSOPHIE, AGRÉGÉ DES SCIENCES ÉCONOMIQUES
DIRECTEUR DE LA REVUE INTERNATIONALE DE SOCIOLOGIE

I

OBJET DES SCIENCES SOCIALES

PARIS, Vᵉ
V. GIARD & E. BRIÈRE
Libraires-Éditeurs
16, RUE SOUFFLOT, 16

1903

INTRODUCTION

But, division et esprit de cet ouvrage.

Le xix° siècle a été rempli, plus qu'aucun de ceux qui l'avaient précédé, de préoccupations « sociales ». On y a constaté, chez tous les peuples civilisés, une noble tendance à réformer les lois et les mœurs dans le sens de l'amélioration du sort des humbles et des déshérités, à introduire dans la vie collective une plus grande somme de justice. Ces efforts pourtant n'ont réussi qu'en une assez restreinte mesure. La raison n'en serait-elle pas que, avant d'agir, on s'est trop peu inquiété de bien étudier la matière sur laquelle l'action allait porter, qu'on a voulu transformer la société sans la suffisamment connaître ? Des notions plus précises sur son état actuel et sur la façon dont elle s'est progressivement constituée eussent épargné aux novateurs bien des tentatives condamnées à demeurer infructueuses. En un mot, ce qui a manqué surtout à leur *art* social pour réussir, ç'a été de s'appuyer sur une *science* sociale positive.

Ne leur en faisons point grief. Cette science n'existait pas, ou presque pas. Il n'y en avait, il n'y en a encore à l'heure présente que des fragments. Ici, le xix° siècle a fait beaucoup, mais il laisse beaucoup à faire. L'investigation méthodique des faits sociaux s'est opérée de diverses façons. L'histoire particulière des individus, des régions, des peuples, s'est prodigieusement développée et perfectionnée. L'histoire générale des institutions est née. On a vu se constituer l'histoire économique, l'histoire de la famille, des mœurs, de la religion, des arts, des sciences et des lettres, du droit privé et du droit public. Parallèlement se sont organisées la démographie comparée et la géographie sociale. Mais aucune de ces recherches à portée générale n'est devenue, dès à présent, complètement maîtresse de son objet. Même, il subsiste des obscurités sur leurs principes. Ces véritables *sciences sociales* sont encore méconnues. On n'est complètement d'accord ni sur leur définition, ni sur leurs limites, ni sur leur méthode, ni sur leurs relations tant entre elles qu'avec les arts sociaux correspondants. Il nous a paru que rien n'était plus urgent que de fixer à cet égard les idées, et tel a été le but de ce livre.

Nous ne nous proposons pas de grouper ici l'ensemble des données déjà acquises à ces sciences, ni de débattre les questions spéciales qui restent ouvertes devant elles. Il faudrait pour cela une connaissance complète de toute la matière sociale, et c'est ce qu'aucun homme ne peut sans doute se flatter actuellement de posséder. Nous ne cherchons à présenter qu'une esquisse de la *philosophie* de ces sciences. Si nous ne nous trompons, la philosophie d'une science est l'examen du problème premier et du problème dernier que cette science soulève. Le problème premier est de déterminer la voie que la science doit suivre, c'est-à-dire de fixer son objet et sa méthode. Le problème dernier consiste à formuler les conclusions d'ensemble auxquelles elle doit aboutir. Ainsi notre enquête sur la philosophie des sciences sociales se divise naturellement en trois ouvrages relatifs, le premier, à l'objet, le second, à la méthode, le troisième aux conclusions de ces sciences.

Depuis dix ans qu'a été fondée et que paraît sous notre direction la *Revue Internationale de Sociologie*, nous nous sommes trouvé placé au centre des débats qu'ont soulevés ces divers points et nous avons eu bien souvent l'occasion d'y intervenir nous-même. Le présent travail en portera naturellement la trace. Nous nous sommes efforcé pourtant de le rendre aussi objectif que possible, souhaitant qu'il fasse connaître ce qui est acquis à la science, plutôt que ce qui est encore matière à des différends passionnés. Aussi avons-nous, de propos délibéré, atténué celles des théories antérieurement admises par nous qui pouvaient paraître se rattacher à l'inspiration exclusive d'une école. Nous avons fait, dans le même but, la part la plus restreinte possible à l'exposé des controverses. Ce qui sépare les doctrines est moins intéressant à noter que ce qui doit les réunir. Insister longuement, comme on le fait parfois, sur les divergences des auteurs, c'est présenter les sciences sociales comme moins avancées encore qu'elles ne le sont réellement. C'est aussi envenimer à plaisir des discussions qu'il y aurait tout intérêt à modérer et à circonscrire. Intérêt pour la science, voulons-nous dire naturellement : car elle ne vit pas de contestations, quoiqu'on le soutienne parfois ; elle ne se fortifie vraiment, au contraire, qu'en les apaisant, qu'en réconciliant, sur une formule plus large, les tenants des partis en lutte.

Nous ne sommes pas de ceux, en effet, qui croient que, dans l'opposition des systèmes, toute la vérité est d'un côté, toute l'erreur de l'autre. Nous estimons que les torts sont très généralement partagés, et que de part et d'autre l'on peut aussi se réclamer du bon droit. Les diverses doctrines sociales sont d'ordinaire « vraies par ce qu'elles affirment, fausses par ce qu'elles nient ». La vérité, en matière sociale, est trop complexe pour se laisser saisir par un seul esprit. Chacun en voit un fragment, une face. Mais, occupé à décrire le côté qu'il aperçoit, il est amené par là même à oublier les autres aspects de la réalité. Sa théorie n'est ainsi inexacte que parce qu'elle est incomplète. Par suite, pour constituer, autant qu'il est possible, la science intégrale, il faut ne repousser aucune des doctrines diverses, mais au contraire dégager « l'âme de vérité » que chacune renferme, et s'efforcer de les fondre toutes dans une harmonieuse unité. On doit donc ne point s'attarder outre mesure aux controverses du jour, qui amusent plus qu'elles n'instruisent et passionnent plus qu'elles ne profitent, et au contraire aller droit au but vers lequel toutes les bonnes volontés tendent, par des voies quelque peu différentes sans doute, mais en somme avec un même généreux élan. Nous avons sans regret sacrifié de faciles développements au souci de montrer surtout, sous une forme synthétique, les résultats dus à la collaboration, consciente ou non, de tous les sociologues.

Ces résultats, nous devons l'avouer, sont relativement peu de chose encore. C'est que les sciences sociales datent d'il y a quelques années seulement ; c'est qu'elles ont été entravées dans leur marche par l'indifférence du public, par le souci trop grand des applications immédiates qui pesait sur certains chercheurs, moins désireux de connaître vraiment les faits que de trouver en eux des arguments à l'appui de leurs systèmes de réforme ou d'action, enfin, par les dissentiments doctrinaux auxquels nous venons de faire allusion. Mais tout cela s'améliore de jour en jour. Aussi les sciences sociales progressent-elles sans cesse. Dans dix ans, elles ne seront plus sans doute ce qu'elles sont aujourd'hui. Ce que nous dirons d'elles actuellement, et surtout de leurs conclusions, ne saurait donc valoir, tout au plus, que pour leur état présent. Nous serions heureux de penser que, dans cette mesure modeste, les hommes compétents ne le trouvent pas trop inexact.

L'une des grandes difficultés que présente la composition d'un ouvrage comme celui-ci, c'est son inévitable longueur. Le public sociologique voit son attention disputée par tant de publications nouvelles, que l'on fait vraiment montre de témérité en lui présentant trois volumes qui forment une même série. Nous avons du moins cherché à le fatiguer le moins longtemps possible, en réduisant le développement de chacun d'eux à ce qui nous a paru être le strict minimum indispensable. Notre travail aura ainsi plus souvent la sécheresse d'un précis que l'abondance d'un ouvrage d'exposition oratoire. Mais nous avouons qu'à cette concision voulue nous trouvons un important avantage, outre l'économie de temps qu'elle procure au lecteur. C'est qu'elle nous aide à nous limiter à notre but propre, qui est de dégager des principes, puisque notre tâche est essentiellement d'ordre philosophique : avec elle nous ne risquons pas de nous égarer dans ce qui ne doit pas être ici la matière de nos investigations personnelles, le détail des questions sociales particulières.

Nous devons encore au public sociologique, s'il veut bien honorer de son attention cet écrit, une excuse préalable et un avis. Dans un travail qui doit comprendre plusieurs volumes dont les sujets sont unis par les liens logiques les plus étroits, le classement des matières est fort difficile et peut être fait de plusieurs façons différentes. L'auteur est tenu, par là même, de prier ses lecteurs de lui faire crédit. S'ils ne trouvent pas toujours, dans un chapitre du premier volume, tels développements qu'ils attendent, c'est sans doute parce que ceux-ci ont paru pouvoir être plus correctement ou plus utilement placés dans un des volumes suivants. De même, il existe une intime solidarité entre tous les chapitres du même volume : chacun d'eux renvoie fréquemment aux autres; cela est surtout frappant dans les premiers chapitres du tome I ; ils traitent de questions primordiales, dans la solution desquelles sont impliquées, en quelque mesure, celles de tous les autres problèmes de philosophie sociale ; l'auteur est obligé, par suite, d'y supposer connues bien des choses, dont l'explication détaillée ne pourra venir que plus loin. Il y a là un procédé d'exposition qui trouve son excuse unique, mais sans doute complète, dans la nécessité. Seules les sciences mathématiques ont le moyen de l'éviter, parce que, opérant par abstraction, elles peuvent n'introduire qu'une à une les données qu'elles veulent étudier, et déduire isolément les particularités concernant chacune de celles-ci. Mais les sciences concrètes — et entre toutes, les sciences sociales — ne possèdent point le même privilège : elles ont affaire à une matière multiforme et complexe où les réalités s'entrecroisent et s'enchevêtrent. Ce n'est point au début de leur exposé, ce n'est que par la suite de leurs recherches et de leurs efforts qu'elles peuvent arriver à mettre dans ce chaos quelque ordre, quelque unité et quelque clarté.

Est-il nécessaire d'ajouter que, dans une tâche semblable, le premier souci doit être celui de l'objectivité ? En cherchant ce qu'est le monde social, l'investigateur doit laisser de côté toutes ses préférences, toutes ses inclinations, toutes ses idées préconçues. Il est tenu de se mettre simplement et exclusivement à l'école des faits. Il lui faut envisager froidement des situations qui, s'il n'était homme de science, seraient de nature à le passionner. L'idéal pour lequel son cœur vibre — la vérité, la beauté, la justice — il n'a le droit que d'en parler comme d'un produit social, que d'en décrire l'élaboration à travers les temps et dans les milieux les plus divers. Certes, c'est là une contrainte qu'il peut être parfois pénible d'observer ; mais, si l'on ne sait se l'imposer, on n'est pas apte à faire œuvre de science. Ce n'est pas que la science exige que nous nous mutilions définitivement de nos propres mains, que nous renoncions à tout jamais à notre idéal. Mais elle veut que nous en fassions provisoirement complète abstraction, tant que nous nous consacrerons à elle. Plus tard nous pourrons le reprendre et travailler à sa réalisation ; nous y collaborerons même d'autant mieux que nous serons munis, par nos recherches scientifiques, d'une connaissance plus précise des milieux où nous devons agir. Peut-être, qui plus est, aura-t-il gagné en pureté, en précision, à ces patientes recherches. Il doit, en tout cas, n'avoir à

aucun moment pesé sur elles. On risquerait de les
fausser si on voulait les faire concourir à la glorifica-
tion d'un idéal préconçu. Et on risquerait de l'abais-
ser lui-même en le pliant à la mesure des faits d'où on
voudrait le dégager. Le réel et l'idéal doivent être
envisagés séparément, si l'on veut que chacun d'eux
conserve à nos yeux toute sa valeur et toute sa di-
gnité.

PREMIÈRE PARTIE

LA SOCIÉTÉ

CHAPITRE PREMIER

LE DOMAINE SOCIAL

*1. Phénomènes sociaux et êtres sociaux. — II. Étendue
du domaine social.*

I

Pour qu'un ordre d'études constitue une science distincte de toutes les autres, il faut qu'il s'attache à un
objet ayant son individualité propre. Existe-t-il un semblable objet pour les sciences sociales ?

On l'a toujours admis. Le génial écrivain qui a le
premier donné une classification remarquable des sciences, Aristote, fait une catégorie à part pour les études
relatives à la vie de l'homme en société : éthique, économique, politique. Il les désigne sous le nom de sciences
pratiques, parce que selon lui elles ont pour but de
donner des normes à l'activité collective, parce qu'il
voit en elles ce que nous appellerions des arts.

C'est encore à ce même point de vue que se placent,
jusqu'au XIX⁰ siècle, à peu près tous ceux qui envisagent la question. A partir de la Renaissance, les études

sociales prennent un caractère plus précis et reçoivent un développement plus complet. Elles se dégagent des vues théologiques dont le moyen âge les avait surchargées ; elles se rattachent aux systèmes de philosophie naturelle alors en cours d'élaboration. Leur ensemble prend, vers la fin du xviii° siècle, le nom de « sciences morales et politiques ». Mais c'est encore et toujours du point de vue pratique qu'elles sont envisagées : on leur demande des préceptes d'action plutôt que des connaissances.

Une conception différente commençait pourtant à se faire jour depuis que Montesquieu avait proclamé qu'il existe des lois naturelles pour les phénomènes sociaux. Cette vue fut reprise par les économistes de l'école physiocratique, quoique mêlée encore par eux à la conception courante. L'école historique, qui se forma en Allemagne tant pour l'étude du droit que pour celle de l'économie politique, dégagea avec plus de netteté l'importance et la valeur de l'étude des faits en eux-mêmes. Enfin Auguste Comte vint couronner cet édifice, en montrant qu'il existe un groupe de phénomènes, ayant ses caractères distinctifs et devant faire l'objet d'un examen d'ensemble : les phénomènes sociaux (1).

Ce qui nous paraît caractériser la doctrine de Comte, ce sont les traits suivants. Les phénomènes sociaux, comme d'ailleurs tous les phénomènes, méritent d'être relevés pour eux-mêmes, en dehors de tout souci immédiat des applications : en d'autres termes, ils peuvent donner naissance à une science véritable, avant de fournir matière à des arts. Cette science est générale, c'est-à-dire qu'elle envisage non pas telle

(1) Auguste Comte, *Cours de philosophie positive* (voir notamment la seconde leçon et toute la seconde moitié de l'ouvrage).

ou telle catégorie de faits sociaux, comme le font les sciences sociales particulières, mais tous les phénomènes sociaux dans leur ensemble et dans leurs rapports mutuels : c'est pour cette science d'ensemble que Comte crée le nom de sociologie (1). Cette science est positive, car elle étudie les faits *a posteriori*, elle les constate et ne les imagine pas, elle emploie des procédés d'investigation précise, différents sans doute de ceux qui sont en honneur dans les sciences physiques, mais non moins rigoureux que ces derniers : et c'est pourquoi Comte avait d'abord proposé pour elle l'appellation de « physique sociale ». Voilà trois des principes fondamentaux qui caractérisent sa théorie ; ils ont été admis, depuis lors, non seulement par ses disciples, mais aussi par la presque totalité de ceux qui portent le nom de sociologues, à quelque inspiration qu'ils entendent se rattacher. Ils constituent le fond d'idées commun qu'ont déclaré accepter ceux qui forment aujourd'hui la principale association scientifique consacrée aux recherches sociologiques, association ouverte d'ailleurs aux représentants de toutes les écoles : l'Institut International de Sociologie (2).

Un autre point encore paraît fondamental dans la conception d'Auguste Comte, mais ne semble pas avoir été aussi complètement admis par ses successeurs. Pour Comte, la sociologie n'est pas seulement une science générale, elle est aussi une science abstraite, c'est-à-dire qu'elle ne s'occupe que de rapports. L'une des idées maîtresses du positivisme auquel Comte a attaché son

(1) Sur le rapport de la sociologie avec les sciences sociales particulières, voir notre chapitre XII.

(2) Voir son programme, paru sous forme d'introduction au tome I des *Annales* de cet Institut (1895).

nom, c'est que la science ne peut atteindre l'absolu, mais seulement le relatif ; c'est qu'elle ne saisit pas le fond de l'être, mais uniquement le phénomène. La sociologie n'étudiera donc que des phénomènes sociaux, c'est-à-dire que les rapports que soutiennent entre eux les individus vivants, au cours de leur activité. De même la biologie n'étudie que des phénomènes organiques, c'est-à-dire que les rapports que soutiennent entre elles les parties de ces individus, au cours de leur activité intérieure. De même encore, la chimie et la physique n'étudient que des phénomènes inorganiques, des rapports soutenus par les corps bruts. Toutes ces sciences « fondamentales », suivant l'expression de Comte, ignorent volontairement l'être concret, pour ne se préoccuper que des rapports abstraits.

A cet égard, disons-nous, Comte n'a pas été suivi. Des esprits extrêmement « positifs » ont admis, depuis lui, la possibilité d'étudier les êtres concrets, sans tomber pour cela dans la métaphysique, et l'opportunité de reconnaître, aux études sur les êtres concrets, le même caractère « fondamental » qu'aux études sur les rapports abstraits (1). A vrai dire même, l'abstraction ne nous paraît être qu'un procédé provisoire de notre esprit, obligé de dissocier les réalités pour en examiner tour à tour les diverses parties ; et la science véritable ne saurait s'acquérir que par la réadaptation ultérieure de ces parties d'abord détachées, par la reconstitution des êtres concrets, des touts ainsi fragmentés. Ou bien peut-être le concret et l'abstrait ne sont-ils que deux noms par lesquels nous désignons

(1) Voir notamment L. Manouvrier, *Classification naturelle des sciences* (Association française pour l'avancement des sciences, session de 1889).

deux façons différentes dont nous groupons les phénomènes observés : dans l'abstrait, en surface, si l'on peut
ainsi dire ; dans le concret, en profondeur ; ce qui supposerait toujours, pour une connaissance vraiment
scientifique, la nécessité de passer tour à tour par ces
deux modes d'étude et d'exposition (1).

Par suite de cette tendance que nous venons de
signaler, les sociologues modernes sont portés à vouloir chercher, derrière les phénomènes, les êtres que
ceux-ci manifestent et de l'activité desquels ils dérivent. Aussi la sociologie ne leur apparaît-elle plus d'ordinaire, ainsi qu'elle le faisait à Comte, comme la science
des faits sociaux uniquement, mais aussi comme la
science des êtres sociaux. Ils admettent, pour la plupart, que cette expression « la société » désigne une
réalité concrète, un être plus ou moins analogue aux
individus, plus ou moins différent, mais ayant comme
eux une structure, une vie, une évolution, des lois qui
lui sont propres. Déjà Comte avait lui-même parlé de
« l'organisme social », en n'attachant pas, il est
vrai, à cette expression un sens littéral. Le mot a fait
fortune dans la suite ; après quoi il a été fréquemment
et amèrement critiqué. Nous aurons à voir, ultérieurement, dans quelle mesure il est exact (2). Disons immédiatement qu'à notre sens, si le nom d'organisme prête
à des objections, celui de « super-organisme » est très
défendable ; qu'en tous les cas, quelque nature qu'on
veuille attribuer aux êtres sociaux, on n'est pas fondé à
nier la réalité de ces êtres, à soutenir qu'ils ne sont rien

(1) Ceci sera rendu plus clair par l'examen, fait dans notre chapitre x, des divers points de vue auxquels on peut se placer pour
constituer la science sociale.

(2) Chapitre III.

de plus qu'une collection d'individus juxtaposés mais indépendants, que leur unité est purement apparente. Nous admettrons donc que ces êtres sociaux — les sociétés — sont des êtres véritables, et nous dirons par suite que leur étude donne naissance, suivant qu'elle s'attache aux considérations d'ensemble ou aux considérations spéciales, d'une part à la sociologie, d'autre part aux diverses sciences sociales particulières.

S'il en est bien ainsi, une classification générale des sciences sera possible, qui reposera sur une classification générale des êtres composant l'univers. De ceux-ci, on peut distinguer trois vastes catégories. Les uns sont des corps bruts, doués simplement des propriétés mécaniques, physiques et chimiques. D'autres sont des êtres vivants, végétaux ou animaux (l'homme étant compris parmi ces derniers) ; ils possèdent la sensibilité et le mouvement volontaire. Les derniers enfin sont ce que nous avons appelé les êtres sociaux. Pour chacune de ces trois catégories, les êtres qui la composent sont formés d'éléments dont chacun est un être de la catégorie immédiatement inférieure : car, en dernière analyse, les composants des êtres vivants sont des atomes d'oxygène, d'hydrogène, d'azote, de carbone, etc., c'est-à-dire des substances brutes ; et les composants des sociétés à leur tour sont des individus vivants. Ainsi la complexité va croissant à mesure que l'on passe de la catégorie inférieure à la catégorie moyenne et de celle-ci à la catégorie supérieure. La généralité va, du même coup, décroissant. Car les êtres bruts peuplent l'univers, les êtres vivants sont limités (autant que nous puissions le savoir avec précision) à la surface de la terre, et un certain nombre seulement, parmi les espèces entre lesquelles se répartissent ces êtres vivants, forme des sociétés. Ce double ordre parallèle de complexité croissante et de généralité décroissante avait été fort bien signalé par Comte, et il ne se rencontre pas moins chez les êtres concrets que chez les phénomènes abstraits auxquels seuls il l'appliquait. Exact pour les êtres, il le sera, par là même, pour les sciences qui les étudient et qui doivent se modeler sur eux. Ces sciences pourront, comme ces êtres, se voir rangées en trois vastes séries. La première s'attachera aux corps bruts, inorganiques ; la seconde, aux êtres vivants individuels, organiques ; la troisième, aux êtres vivants collectifs, « supra-organiques », aux sociétés. A la première conviendra le nom de sciences cosmologiques ; à la seconde, le nom de sciences biologiques ; à la troisième, le nom de sciences sociales.

Le problème posé au début de ce chapitre était celui de savoir si ces dernières sciences ont bien un objet qui leur soit propre. Il est évidemment résolu dans le sens de l'affirmative, par cela seul qu'on admet que les sociétés sont des êtres distincts de leurs éléments individuels. Mais, même si l'on n'acceptait pas cette proposition, la solution resterait identique. En ce cas, en effet, la réalité des êtres sociaux s'évanouirait à la vérité, mais il resterait à considérer les actions et les réactions qu'exercent les uns sur les autres les organismes vivants. Ces actions et réactions extérieures sont évidemment tout autre chose que les actions et réactions intérieures qui s'exercent, au sein d'un même organisme, entre les cellules, les tissus, les organes qui le composent. Elles ne proviennent pas des mêmes causes, elles ne sont pas soumises aux mêmes lois. Elles ne peuvent donc ressortir à une même science. Les actions internes relèvent des sciences biologiques ; mais les actions externes ne sauraient être expliquées que par les sciences sociales. Ainsi le champ d'étude de ces dernières demeure, de toute façon, distinct et indépendant. Quelque parti qu'on prenne donc sur la réalité des êtres sociaux, on ne peut nier qu'il existe un « domaine social » ayant ses frontières définies et son régime propre. Il confine au domaine biologique, il est avec lui en rapports incessants, mais il ne se laisse aucunement absorber par lui.

II

Il est nécessaire de fixer ce que sont au juste ces confins des deux domaines biologique et social et ce que sont leurs rapports. Quant à ce second point, il ne saurait être élucidé dès maintenant. La suite de notre recherche permettra seule de le faire (1). Disons seulement l'essentiel à cet égard, en indiquant immédiatement que : d'une part, l'activité sociale repose sur l'activité biologique, dont elle est l'expansion et dans laquelle elle trouve ses impulsions originaires ; et d'autre part, l'existence sociale réagit sur l'existence individuelle, en ce qu'elle crée chez l'individu des facultés et aussi des besoins qui s'incorporent à son organisme même. Ces principes nous paraissent à l'abri de toute contestation ; il n'en est pas de même d'une série d'autres idées se rattachant au même problème, et qui

(1) Chapitre III du présent volume. Voir aussi ce qui sera dit, dans le tome second de l'ouvrage, de la méthode biologique appliquée aux études sociales.

seront discutées plus loin. Limitons-nous donc maintenant à l'autre question : celle des confins des deux domaines biologique et social.

Le contact entre ces deux domaines n'est, avons-nous dit déjà, que partiel. Le règne social ne touche pas, ou si l'on veut, ne se superpose pas, au règne organique dans toute l'étendue de ce dernier. Il est, en effet, d'innombrables êtres vivants qui ne pratiquent pas la vie sociale, qui ne mènent d'ordinaire que l'existence individuelle et ne connaissent l'existence appariée, cette première forme de l'association, qu'à de rares intervalles. Tous ces êtres ne ressortissent qu'aux sciences biologiques, et les sciences sociales n'ont point à s'en occuper. Même, pour certains esprits, il n'y aurait qu'une seule sorte d'êtres vivants qui intéresserait ces dernières sciences : ce serait l'espèce humaine. Mais nous n'hésitons pas à dire que ceux-ci sont dans l'erreur. Quantité d'animaux, en effet, vivent en société. On en trouve de semblables, non seulement chez les vertébrés (surtout parmi les mammifères et parmi les oiseaux), mais aussi dans les autres embranchements du règne animal : tuniciers, mollusques, vers, arthropodes, cœlentérés. Ces sociétés animales ont beaucoup des caractères des sociétés humaines ; même certaines d'entre elles, celles des hyménoptères, sont, sur quelques points particuliers, supérieures aux nôtres (1). Il n'y a donc aucune raison pour exclure des sciences sociales la considération des phénomènes que présentent

(1) On pourra prendre une connaissance d'ensemble de la question dans le livre de M. Alfred Espinas, *les Sociétés animales*, qui est demeuré le meilleur travail général sur ces matières, malgré la publication de nombreuses monographies postérieures.

ces groupements animaux. Il est vrai que, en fait, les zoologistes ont seuls d'ordinaire l'éducation technique nécessaire pour suivre la vie de ces curieux agrégats ; mais il serait utile, pour les recherches originales que celle-ci doit susciter, que l'auteur de ces enquêtes eût une double compétence, biologique et sociale (1) ; et en tous cas on doit demander aux sociologues de se tenir au courant des résultats des recherches de ce genre, qui peuvent singulièrement éclairer les origines des principaux phénomènes que présentent nos sociétés humaines elles-mêmes (2).

Epuise-t-on du moins, avec les sociétés animales, l'ensemble du domaine social ? Cela n'est pas, pour nous, absolument certain. Nous avons autrefois soutenu (3) qu'il pourrait être également question de sociétés végétales. Les arbres d'une forêt n'influent-ils pas les uns sur les autres, par exemple en préparant le sol et en tamisant la lumière les uns pour les autres, et aussi, à l'inverse, en se prenant les uns aux autres les substances nutritives incluses dans le sol et les forces vivificatrices contenues dans les rayons lumineux ? L'homme lui-même, en créant des jardins, des serres, ne constitue-t-il pas des agglomérations analogues ? — On nous répondrait, il est vrai : ce ne sont pas là des sociétés, parce que toute société suppose que ses membres ont conscience du lien qui les rassem-

---

(1) Ce fut le cas, entre autres, pour l'auteur du bel ouvrage : *Fourmis, abeilles et guêpes*, Sir John Lubbock (aujourd'hui Lord Avebury).

(2) C'est ainsi que le regretté Charles Letourneau, dans ses multiples ouvrages consacrés à l'évolution des grandes institutions humaines, ne manquait jamais de commencer par un chapitre sur les aspects de ces institutions chez les animaux.

(3) *Organisme et Société*, chap. 1ᵉʳ, § II.

ble, et qu'il n'y a pas de conscience chez les végétaux. L'objection peut avoir une part de vérité (1). Elle ne nous paraît pas, toutefois, absolument décisive. D'un côté, en effet, elle prouverait peut-être trop: les cœlentérés et même, pour prendre l'embranchement le plus voisin de celui des vertébrés, les tuniciers n'ont évidemment qu'une bien faible conscience; pourtant les coraux et les ascidies composées constituent incontestablement des sociétés. Et, d'autre part, l'on tend aujourd'hui à reconnaître quelque rudiment de conscience jusque dans la moindre cellule (2); les végétaux, étant des êtres cellulaires, ne seraient donc pas entièrement inconscients; ils ne manqueraient pas, dès lors, de la condition primordiale nécessaire pour former des sociétés. Aussi pensons-nous qu'il y aurait lieu de diriger des investigations vers les phénomènes que présente la vie collective des plantes. On ne l'a jusqu'à maintenant, croyons-nous, fait que dans un cas particulier: celui où deux végétaux d'espèce différente s'associent pour former un être nouveau. C'est le cas de l'algue et du champignon qui s'unissent en constituant ainsi un lichen. Il y a là un phénomène qu'on a dénommé la symbiose et qui est, à coup sûr, très curieux. Mais il est pas le seul qui présenterait de l'intérêt. Il faudrait étudier aussi l'existence collective, sur un sol étendu, d'un groupe d'êtres de même espèce (une forêt de

(1) Elle nous a été faite par M. Espinas, lorsque nous avons eu à soutenir en Sorbonne les conclusions de notre étude *Organisme et Société*, présentée comme thèse de doctorat à la Faculté des lettres de l'Université de Paris. Elle repose d'ailleurs sur un principe que nous admettons nous-même : à savoir, que les faits sociaux sont d'abord des faits psychologiques (voir chapitre v du présent livre).

(2) Ernest Haeckel, *Essai de psychologie cellulaire*.

sapins, par exemple) ou les existences parallèles et enchevêtrées de groupes d'êtres différents (la végétation composite d'un jardin, d'un étang, etc...). Il y aurait là matière, peut-être, à une branche nouvelle de la science.

Cette fois, est-ce bien tout, et avons-nous décidément atteint le terme du monde social? Des esprits aventureux proposent de le reculer plus loin encore. Ils voudraient considérer comme autant de sociétés les astres et l'univers physique lui-même. Les composants de ces sociétés seraient inorganiques, voilà tout. — Mais c'est là une hardiesse devant laquelle nous reculons. Il ne nous paraît pas possible de dire qu'un tout est social, quand ses parties ne sont pas elles-mêmes vivantes. D'ailleurs, on n'a rien montré, dans les relations réciproques des substances minérales contenues dans un même astre, qui fût semblable ou même analogue aux relations réciproques des êtres vivants formant une société. Ils peuvent bien être soumis entre eux aux attractions régies par le principe de la gravitation universelle; mais ce principe, s'il est dans notre univers à la base de toute existence, n'explique rien de ce qui est particulier à l'existence sociale. Sa généralité même lui ôte ici toute application spéciale. Il faut donc, si l'on ne veut pas tout confondre, maintenir une séparation nette entre le monde inorganique et le monde social, et cette séparation vient justement de ce que le monde organique s'interpose entre eux. Il les distingue et en même temps il forme leur transition. L'univers accessible à la science nous apparaît ainsi comme renfermant trois domaines superposés, l'inorganique, l'organique et le social, dont chacun s'appuie sur celui qui le précède tout en le dominant. Et, dans cette sorte de pyramide, c'est le monde social qui constitue le faîte. De toutes les formes d'existence que nous connaissions, l'existence sociale est la plus pleine, la plus riche et la plus élevée.

CHAPITRE II

LE CONCEPT DE SOCIÉTÉ

I. *Ce qu'implique la société. La société n'est pas l'humanité, mais le groupe national.* — II *et* III. *Peut-elle être moins étendue que ce groupe ?* — IV. *Peut-elle être plus étendue ?* — V. *Peuple, nation, société, État.* — VI. *Variations du concept de société dans le temps.*

I

Nous avons indiqué, dans le chapitre précédent, que les sociologues contemporains sont généralement portés à considérer « la société » comme un être. Avant de discuter la valeur de cette opinion, il faut d'abord préciser ce qu'ils entendent par société, il faut analyser le contenu de ce concept. C'est à quoi nous comptons consacrer le chapitre actuel.

Le mot même de société implique l'idée d'une unité complexe, d'un ensemble d'êtres réunis par un lien, et par un lien dont ils ont conscience, au moins à quelque degré. Quand ces êtres sont des êtres humains, ce qui est le cas de beaucoup le plus intéressant pour nous, d'où vient ce lien ? Il est formé par une certaine similitude, plus ou moins étroite :

1° D'habitat, de milieu ;

2° De race ;

3° D'éducation et de langue ;

4° D'occupations ; — sans doute, par l'effet de la division du travail, les tâches des différents membres d'une même société sont très variées, mais elles concourent toutes à l'accomplissement d'une grande œuvre collective : on pourrait dire qu'entre eux tous, il y a coordination, plutôt que similitude, des occupations ;

5° De vie domestique, d'habitudes familiales ;

6° De conceptions et pratiques morales, religieuses, esthétiques, techniques (1);

7° De régime juridique et politique.

Sans doute, pour qu'il y ait société, il n'est pas nécessaire que, à tous ces points de vue, les « associés » soient très proches les uns des autres ; mais il

(1) Suivant une très juste remarque de M. Adolphe Coste, les idées proprement scientifiques ne peuvent être considérées comme faisant partie du patrimoine commun de la société ; elles restent propres à l'individu ou ne sont répandues que dans un groupe relativement étroit (voir son livre : *Principes d'une sociologie objective*). Nous ajouterons qu'elles ont, d'autre part, une facilité toute particulière à se répandre, *sans déformation*, au delà des frontières territoriales. De toutes les idées humaines, ce sont celles qui se ressemblent le plus de peuple à peuple. D'une manière comme de l'autre, elles sont donc indépendantes de l'organisation nationale.

faut aussi que, à aucun d'entre eux, ils ne se sentent complètement étrangers les uns aux autres. Et toutes ces similitudes ne peuvent pas dater d'hier, il faut qu'elles aient eu quelque durée, qu'elles aient marqué d'une certaine empreinte les « associés », qu'elles aient établi entre eux le lien d'une commune tradition.

Cette indication suffit pour montrer qu'on ne saurait parler, pour le moment tout au moins, d'une société humaine en général, d'une *societas humani generis*. Car l'humanité ne se reconnaît pas et ne se sent pas jusqu'ici comme une. Aux sept points de vue que nous venons d'énumérer à l'instant, elle est au contraire très profondément divisée. Entre ses fractions géographiques, ethniques, linguistiques, économiques, religieuses, politiques, il existe des barrières actuellement infranchissables. L' « espèce humaine » n'est donc qu'une expression anthropologique. Sociologiquement parlant, sa cohésion n'existe pas. Le fait primordial dont le sociologue doit partir, c'est qu'il se trouve en son sein une série de groupes très différenciés. La moindre réflexion montre qu'il y a pour le moins autant de ces groupes qu'il y a de nations politiquement constituées. C'est dire qu'on pourrait en compter, au bas mot, une centaine sur notre globe. Car chacune de ces nations a son territoire, dont le climat et les productions diffèrent sensiblement de ceux des territoires voisins. Elle forme une unité ethnique, ce qu'on a appelé une « race secondaire ». En effet, quelle que soit l'hypothèse qu'on adopte sur les races primitives de la terre, leur constitution, leur nombre et leur distribution, on est forcé d'admettre qu'il existe aujourd'hui des types humains nationaux, que ces types résultent du fractionnement d'une grande race ou au contraire de la coalescence de plusieurs petites races originaires ; ce qui caractérise ethniquement la nation, c'est la « libre circulation du sang » parmi ses membres. Il y a même des nations qui comprennent plusieurs de ces types, mais toutes en comprennent au moins un (1). La nation, d'autre part, s'est créé, surtout par l'éducation similaire donnée à tous ses membres, un « esprit collectif », c'est-à-dire une façon commune de voir les choses ; elle s'est donné une langue, véhicule de cette pensée commune (2). Elle a organisé en son sein la vie familiale d'une façon sensiblement uniforme sur tout son territoire. Elle a une vie économique commune, car la coopération et l'échange sont infiniment plus fréquents entre ses membres qu'entre eux et les étrangers. Elle a ses mœurs, sa religion (ou sa façon de pratiquer une religion), ses beaux-arts, ses techniques. Elle a ses lois propres, et, inutile de l'ajouter, son gouvernement à elle. Elle forme donc bien un tout par elle-même. Ce tout, sans doute, n'est pas fermé : il a « des fenêtres sur le dehors » ; ses rapports avec les autres nations sont multiples. Seulement, ces rapports ne sont pas forcément cordiaux ni pacifiques. Ils se traduisent le plus fréquemment, au contraire, par des actes d'hostilité. Lutte de races, lutte de langues, lutte économique, lutte religieuse, lutte politique, voilà trop souvent

(1) Sur cette question de la race et de ses rapports avec la société, voir le chapitre qui sera consacré, dans le troisième volume de cet ouvrage, aux conclusions de l'ethnographie comparée et de l'anthropo-sociologie.

(2) Ici encore, il y a des nations qui présentent une multiplicité d'idiomes et même, peut-on dire, d' « esprits collectifs »· L'Autriche, cette mosaïque de groupes sociaux, en est le type. Mais justement la question est de savoir si elle est vraiment *une* société, ou si elle n'a qu'une unité politique, factice et temporaire.

ce qui les caractérise. Cette opposition des nations entre elles, chacune tendant à l'extension et à la suprématie, se lit à toutes les pages de l'histoire humaine. Leur antagonisme est pour le moins aussi important pour la science que leur accord partiel.

Aussi nous paraît-il évident que, lorsqu'on considère, avec Pascal, l'humanité « comme un seul homme qui subsiste toujours et qui apprend continuellement », ou lorsqu'on veut, avec Auguste Comte, donner un schéma de son évolution mentale universelle, on simplifie arbitrairement le problème en ramenant à une unité factice ce qui est complexe infiniment.

II

On vient de voir que, pour trouver la société, il faut décomposer le genre humain en nations. Mais cela suffit-il ? La division est-elle poussée assez loin ? La véritable unité sociale ne serait-elle pas quelque chose de plus restreint encore que la nation ? ne serait-elle pas un simple fragment de cette nation ?

A cette question, peut-être n'y a-t-il pas de réponse générale à faire. Nous sommes porté à croire que dans les cas ordinaires on doit y répondre par la négative. Des nations comme la France, l'Angleterre, l'Italie, les Etats-Unis, ne forment chacune qu'une société. Car, en chacune d'elles, tous les membres se considèrent comme concitoyens, comme appartenant à une même collectivité fondamentale, et c'est là le critérium, subjectif sans doute, mais en somme précis, qui permet de reconnaître l'existence d'une société. La question devient plus douteuse pour un pays comme l'Allemagne, où l'esprit particulariste reste très vivace en certains Etats de la Confédération. Elle l'est surtout pour l'Autriche, où les différences de race, de langue, de culture sont si sensibles entre les parties de la monarchie. Nous n'hésiterions pas à dire (d'accord, du reste, avec la géographie politique) que la Hongrie constitue une société distincte de celle de l'Autriche proprement dite. Mais les Croates, mais les Roumains de Transylvanie, ne forment-ils pas à leur tour des sociétés autres que la société hongroise ? Et de même, les Slovènes de Styrie, les Tchèques de Bohème, les Polonais de Galicie sont-ils bien socialement parlant du même groupe que les populations germaniques de la Haute et de la Basse-Autriche ? Passons à l'empire voisin. La Russie possède, eu égard à ses dimensions, une remarquable homogénéité ; pourtant elle n'a pu s'assimiler jusqu'à présent ni la Finlande, ni même la Pologne. Les unités sociales ne s'absorbent pas aussi aisément que les unités politiques, et quand celles-ci disparaissent, leur renaissance est rendue possible par la persistance de celles-là.

Le même problème se pose, bien entendu, à propos de nationalités extra-européennes, mais sous d'autres aspects. Dans l'Inde britannique, par exemple, les castes sont si étroitement fermées les unes aux autres, le lien du sang existe si peu entre elles, qu'on a pu se demander si elles ne forment pas chacune une société. Nous ne sommes pas, quant à nous, très porté à le croire, car elles ne sauraient exister les unes sans les autres ; elles se supposent les unes les autres ; leurs fonctions, en effet, sont, au moins d'ordinaire, différentes. Elles paraissent donc n'être que des membres, assez antagonistes, sans doute, d'une seule et même société.

En Amérique, en Australie, on trouve des tribus indigènes vivant isolées. Sont-ce des sociétés ? Nous le croirions pour celles d'entre elles — de plus en plus rares à la vérité — qui n'empruntent rien au milieu voisin, à la civilisation importée d'Europe. Il en est autrement pour celles qui se fondent peu à peu avec les établissements des colons.

Enfin, en Afrique, les groupes indépendants sont extrêmement nombreux. Faudra-t-il appeler « société » tout village qui a son chef propre ? Non. Car ces villages, dans une même région, sont du même type : leurs mœurs, leurs idées, leurs régimes, sont semblables. C'est seulement de région à région qu'on peut dire que la constitution sociale diffère. Il y aura donc *une* société cafre, *une* société hottentote, et ailleurs *une* société dahoméenne, *une* société peule, etc... Naturellement, ce n'est que quand ces populations seront plus complètement et plus scientifiquement connues, que l'on pourra se prononcer avec certitude sur les divisions sociales qu'elles comportent. Mais il semble qu'il faille se garder ici plutôt de trop distinguer que de trop réunir.

III

La tentation de subdiviser est pourtant si forte pour quelques chercheurs qu'ils constitueraient volontiers des sociétés avec les moindres groupements humains. Pour certains, dès qu'il existe entre quelques individus un lien étroit — de sang, de collaboration, de sympathie — on se trouve en présence d'une société. Nous ne partageons pas cette façon de voir. Sans doute, il y a un accord plus intime entre les membres de ces petits groupes qu'entre eux et le reste de leurs concitoyens. Mais cela ne peut faire oublier que le lien qui unit ces groupes n'a qu'un objet purement spécial, tandis que le lien qui forme la société véritable a un objet général. Une nation constitue une société parce que, à la rigueur, elle pourrait se suffire à elle-même. Si on supposait le reste de l'humanité disparu, elle en souffrirait certes grandement, mais enfin elle arriverait sans doute à subsister seule. Au contraire, si au sein d'une nation il ne restait plus qu'une famille, qu'une corporation, qu'une coterie, celle-ci serait apparemment condamnée à disparaître à brève échéance. La société, c'est l'unité collective dont l'existence est nécessaire au maintien des vies individuelles. Et cette unité, actuellement, est une nation tout entière.

Voilà pourquoi, tout à l'heure, nous n'avons pu voir dans la caste un groupe social indépendant. Ce qui est vrai des castes l'est, à plus forte raison, des classes en lesquelles se divisent des sociétés plus avancées. Dans nos pays, chaque société comprend de grandes catégories d'hommes, définies, d'un côté par leur profession, de l'autre par leur degré d'élévation sur l'échelle de la richesse et de l'influence (1). Parfois on dit que chacune d'elles est, à soi seule, toute une société. Cela est manifestement inexact. En effet, elles n'existent au contraire que les unes par rapport aux autres. S'il s'agit de catégories professionnelles, chacune n'a pu se différencier que parce qu'il y avait auprès d'elle, dans la même société, d'autres ensembles qui se différenciaient dans

(1) Sur les classes sociales, voir chapitre IV.

une autre voie : la division du travail les sépare, mais du même coup l'échange nécessaire de leurs produits les réunit. S'il s'agit de catégories de fortune ou de pouvoir, chacune ne se définit qu'en fonction des autres groupes qui, dans la même société, lui sont inférieurs ou supérieurs. Ainsi toutes n'existent qu'à titre de fragments d'une société plus vaste. Leur lien intérieur est même bien moins étroit que celui des castes, car il ne repose pas sur l'hérédité, il n'est pas consolidé par de sévères interdictions de mariage, comme il en existe entre castes, et tout individu peut, dans certaines conditions, passer d'une classe à l'autre. La solidarité existant entre leurs membres n'a rien de légal, elle est spontanée et volontaire.

Il en est de même pour d'autres groupements, très répandus dans nos pays, et auxquels ou donne assez improprement le nom de sociétés. Nous voulons parler des sociétés de commerce, de bienfaisance, d'études scientifiques, de beaux-arts, de sport, des sociétés politiques et religieuses. Aucune d'entre elles n'a un objet assez général pour mériter vraiment cette appellation. Car elles ne créent entre leurs membres qu'un lien limité à l'exercice d'une des fonctions sociales, et toutes les autres fonctions de cet ordre (1) s'accomplissent hors de leur sein, dans la grande société. Il vaudrait donc beaucoup mieux leur donner simplement, pour éviter les confusions possibles, le nom d'association.

____

(1) Pour leur énumération, voir chapitre vi.

IV

Cette dernière solution nous place elle-même en face d'un nouveau problème, inverse en quelque sorte de celui que nous venons d'examiner. Les limites de la société, disions-nous précédemment, ne doivent pas être en principe plus resserrées que celles de l'Etat correspondant. Mais ne pourraient-elles être plus larges ? N'avons-nous pas nous-même signalé un cas (1) où elles nous paraissaient l'être ? En généralisant cette conception, ne pourrait-on dire qu'il y a des sociétés qui dépassent les frontières des Etats, des sociétés internationales ?

Ce nouveau problème se présente sous une série d'aspects assez différents les uns des autres. Plusieurs cas saillants doivent être distingués et examinés tour à tour.

On peut soutenir, par exemple, qu'il continue à y avoir, malgré le partage politique de l'ancien royaume de Pologne entre la Russie, l'Autriche et la Prusse, une société polonaise unique s'étendant sur le territoire de ces trois Etats et réunissant toujours les membres disjoints de l'ancienne nationalité. On ferait valoir, en ce sens, que, des sept caractères que nous avons précédemment reconnus comme constituant le lien social, les six premiers subsistent entre tous les Polonais. On remarquerait surtout qu'ils ont continué à se considérer tous comme concitoyens, à quelque souveraineté qu'ils soient rattachés. Nous serions assez disposé, pour notre part, à admettre ce raisonnement. Mais nous aurions

(1) Même chapitre, section II, paragraphe final.

soin de faire remarquer que l'unité sociale se maintient ici parce que le souvenir de l'unité politique ne s'est pas perdu et que l'espérance de sa reconstitution n'a pas entièrement disparu.

Tout autre nous paraît être le cas de certains groupements d'intérêts internationaux auxquels on a voulu donner le nom de société. Les classes sociales, par exemple, ont beau être sensiblement les mêmes d'un Etat européen à l'autre, chacune d'elles ne forme pas plus une société dans l'Europe qu'elle n'en forme une dans sa patrie. En vain les prolétaires de tous les pays ont-ils entendu l'appel lancé par Karl Marx dans son célèbre *Manifeste des Communistes*, ils ne se sont pas groupés en une même agglomération ; leurs liens sociaux profonds sont restés bien plutôt avec leurs « compatriotes » même jalousés qu'avec leurs « confrères » étrangers. Pareillement, il existe des associations répandues dant tout l'Occident et soumises parfois à une rigoureuse discipline : des ordres monastiques par exemple. Leur unité de pensée n'en a pas fait des sociétés véritables. Car elles ne sauraient se suffire à elles-mêmes. Il leur faut sans cesse, dans la vie courante, recevoir le concours d'autres catégories d'êtres humains. La plupart se donnent pour tâche une action à exercer sur le « siècle », ce qui précisément implique qu'elles font partie d'une unité sociale plus vaste. — Ce n'est que pour les religieux aspirant à vivre d'une existence toute contemplative qu'on peut dire que le lien national est rompu. Mais pour ceux-là le lien inter-monacal existe à peine davantage, puisque c'est l'affranchissement et le perfectionnement individuel de l'âme qu'ils poursuivent. Les membres de leur ordre ne leur sont donc guère moins étrangers que les habitants de leur pays. Pour ceux-là seuls, fort rares, il n'est vraiment point de patrie terrestre, point de société autre que la société mystique de Dieu, de ses anges et de ses élus.

Assez voisin de ce cas est celui des groupements constitués, non plus par des membres d'un ordre religieux astreints à des observances particulières, mais par tous les fidèles d'un même culte, unis par la communauté générale d'une même foi. Ceux-ci peuvent être disséminés sur d'immenses espaces. Le judaïsme, le catholicisme, le mahométisme rayonnent ainsi sur bien des Etats : constituent-ils des sociétés ? Nous ne saurions le croire. Ces religions, il est vrai, marquent souvent leurs fidèles d'une empreinte très profonde et très frappante. Mais elles ne sauraient effacer, toutefois, les distinctions que mettent entre eux l'habitat, l'origine ethnique (1), la profession, les mœurs, les lois, les patries. Pour personne, se reconnaître « coreligionnaire » de tel ou tel individu n'équivaut à s'en reconnaître « concitoyen ». Il n'y a point identité, il n'y a point adéquation entre ces deux termes. Le lien religieux peut avoir, pour nombre d'esprits, une importance capitale. Il peut même, pour plusieurs, paraître à quelques égards plus fort que le lien national. Ce qui est certain, c'est qu'il ne se confond pas avec lui. Il ne saurait donc prétendre représenter, à lui seul, le lien social tout entier.

Concluons donc par cette formule simple, presque évidente d'ailleurs *a priori*, que ni la similitude des rangs, ni celle des occupations, ni celle des croyances,

____

(1) Les juifs mêmes sont loin de constituer une race unique, comme on le croit souvent.

ne crée par delà les frontières nationales une complète unité, qu'aucune d'entre elles n'efface ni ne remplace la communauté de patrie.

V

Des discussions qui précèdent, il résulte qu'en principe nous considérons qu'une société est constituée par une nation politiquement organisée, qu'elle correspond donc à un Etat. Ce n'est pas à dire toutefois qu'il y ait synonymie entre ces termes. Quatre mots s'emploient assez souvent l'un pour l'autre : peuple, nation, société, Etat. Il y a pourtant intérêt à les distinguer. Suivant nous, ils s'appliquent bien à une même unité collective, mais considérée sous ses différents aspects. Ce sont ceux-ci que nous voudrions, en peu de mots, préciser.

Les termes de peuple et de nation désignent un groupe envisagé dans sa structure. Les termes de société et d'Etat le désignent, quand il est envisagé dans son fonctionnement. C'est la différence du point de vue anatomique et du point de vue physiologique. Elle se comprendra mieux quand nous aurons expliqué ce que sont l'anatomie et la physiologie sociales (1). Disons dès maintenant qu'elle se traduit, dans le cas présent, comme suit. Un groupe social s'appelle peuple ou nation quand on le considère simplement comme existant ; il s'appelle société ou Etat quand on le considère comme vivant. Les structures collectives, dont nous parlerons plus tard, sont des formes que prennent le

(1) Au chapitre x du présent volume.

peuple ou la nation. Les phénomènes collectifs, dont la liste sera également donnée par la suite, sont des manifestations de l'activité inhérente à la société ou à l'Etat.

Maintenant, comment le peuple se distingue-t-il de la nation, et comment la société se distingue-t-elle de l'Etat ? Le voici. Les termes peuple et société s'emploient, quand on songe à la multiplicité d'éléments que contient le groupe, ou à la multiplicité de phénomènes que sa vie présente. Les termes nation et Etat conviennent lorsqu'on veut désigner l'unité qui rassemble ces éléments ou qui préside à ces phénomènes. Une nation, c'est un peuple ordonné ; un Etat, c'est une société disciplinée par un gouvernement et des lois. — La vie est spontanée dans la société. Elle a quelque chose de contraint dans l'Etat. Pareillement, le peuple peut être une multitude dispersée. La nation est une masse cohérente. — Aux stades inférieurs de l'histoire, dans l'humanité primitive ou chez les types arriérés de l'humanité actuelle, il y a déjà des peuples et des sociétés ; on n'y connaît point de nations ni d'Etats.

Tout cela peut se résumer dans le tableau suivant, qui montre à la fois le rapport du peuple avec la nation, de la société avec l'Etat, et celui du peuple avec la société, de la nation avec l'Etat.

	Point de vue de la multiplicité	Point de vue de l'unité
Point de vue de la composition	PEUPLE	NATION
Point de vue du fonctionnement	SOCIÉTÉ	ETAT

Les quatre termes ne sont donc point synonymes, bien que chacun d'eux puisse convenir, suivant les circonstances, à un grand pays moderne. Et celui de société ne peut être correctement employé pour aucun des trois autres, bien qu'il confine à chacun d'eux.

VI

La société vient d'être définie, en se plaçant à un moment déterminé de la durée, au moment présent. Mais ce qui complique le problème, c'est que l'évolution a amené, ici comme sans doute en toutes choses, de profondes modifications. Les groupes auxquels le nom de société a pu et dû être appliqué, n'ont point toujours été les mêmes. Nous ne voulons pas seulement dire par là que certaines sociétés ont disparu et ont été remplacées par d'autres à la surface du globe, ce qui est trop évident. Nous entendons aussi que des catégories entières de collectivités, sans disparaître absolument, ont cessé de mériter l'appellation de société, à laquelle elles avaient droit à l'origine, pour tomber au rang de simples fractions de la société. Expliquons-nous.

Si nous considérons d'abord ce qui est arrivé dans le monde occidental, et pour plus de précision dans la partie européenne du bassin de la Méditerranée, nous voyons que la première société a été la famille : non point la famille au sens moderne du mot, limitée au couple conjugal et aux enfants qui en sont directement issus, mais une famille agrandie, aux ramifications nombreuses, dont la cohésion se maintient par l'idée qu'elle est descendue d'ancêtres communs et par le culte voué à ces ancêtres, telle que les historiens nous

représentent le *genos* grec et la *gens* latine (1). Cette
famille établit un lien d'étroite solidarité entre tous
ses membres. Mais c'est pour les opposer tous aux autres familles, considérées collectivement comme des
étrangères et comme des ennemies. Pourtant, au bout
d'un certain temps, des rapprochements se forment entre ces familles éparses. Plusieurs d'entre elles, sans
perdre toute individualité, s'agglomèrent en un ensemble plus vaste, qui a ses chefs et ses dieux communs :
c'est la *phratrie* ou la *curie*. Par le même procédé, quelques-unes de ces unités en viennent à s'agréger en
une nouvelle collectivité : la *tribu*. Enfin, plusieurs tribus s'assemblent pour former la *cité*. Athènes, Sparte,
Rome, sont les types classiques de ces cités. Successivement, au fur et à mesure que la fusion des groupes
primitifs s'achevait, le caractère de société véritable
passait de la gens à la curie, de celle-ci à la tribu, enfin à la cité, et les anciennes unités étaient reléguées au
rang d'éléments composants de l'unité nouvelle.

Bien entendu, l'évolution ne s'arrêta pas là. Une cité
privilégiée, Rome, vainquit et absorba les autres cités
méditerranéennes, voire même des royaumes asiatiques
ou africains construits sur un type différent. Elle éten-
dit sa domination sur des espaces immenses, mais du
même coup sa constitution politique et sociale dut se
transformer. Le nom nouveau de cette immense unité
fut l'*empire*, et ses subdivisions s'appelèrent des pré-
fectures, des diocèses, des provinces, etc...

Avec l'invasion des Barbares dans l'empire romain,
une nouvelle transformation se produit. Les conquérants
en étaient restés au régime de la tribu, de la tribu
mobile, que nous retrouverons dans un instant. Ils se

(1) Fustel de Coulanges, *la Cité antique.*

fixèrent sur le sol impérial, mais pour se le partager. De ses débris se constituèrent en Occident leurs divers royaumes. Ceux-ci, établis en Gaule, en Grande-Bretagne, en Espagne, en Italie, servirent plus tard de modèles à ceux qui se constituèrent dans la Germanie elle-même. Ils sont l'origine des Etats modernes, et c'est la fusion de ces tribus d'envahisseurs avec des populations civilisées à la romaine qui a produit le type social actuel, celui de la *nation*, lui-même sensiblement modifié, est-il besoin de le dire ?, depuis cette époque lointaine.

En résumé donc, l'unité sociale a pris tour à tour dans le monde occidental, en négligeant même les types intermédiaires tels que ceux de la phratrie et de la tribu, quatre formes typiques bien distinctes : la famille, la cité, l'empire, la nation. Dans les trois premières, on suit une marche d'agrégation progressive. La quatrième suppose au contraire la désagrégation de la troisième, mais aussi l'incorporation d'éléments nouveaux aux membres séparés du corps impérial, et elle permet la constitution d'unités qui, pour être moins étendues que l'empire, n'en sont que plus cohérentes intérieurement.

Si maintenant nous examinons ce qui s'est produit hors de ce monde occidental, nous trouvons une variété extraordinaire — dans le temps et dans l'espace — de groupements qui peuvent avoir mérité le nom de société. Ainsi, dans ce qu'on est convenu d'appeler l'Orient, c'est-à-dire l'Asie antérieure, la cité ne se rencontre pas. Mais, chez les Hébreux par exemple, on aperçoit trois formes sociales successives : la famille patriarcale, la tribu, la peuplade. Toutes trois sont plus ou moins nomades. En se fixant au sol, en Palestine, la peuplade devient royaume. Les groupes environnants ont eu une évolution analogue. Parfois certains royaumes, en s'assujettissant de vastes territoires voisins, se sont agrandis au point de constituer des empires, d'ailleurs éphémères : ce fut successivement le cas de l'Egypte, de l'Assyrie, de la Babylonie, de la Perse. La tribu nomade, qui devient l'origine d'un royaume, se retrouve d'ailleurs en bien d'autres lieux : chez les Germains, dans le Mexique précolombien, au Soudan, etc..., etc... Ce qui, de toutes les formes très variées que cette évolution peut revêtir, distingue celles que nous avons vues dans le bassin européen de la Méditerranée, c'est que ces dernières seules ont su prendre des caractères stables, réguliers, définis. Les Grecs avaient le goût du déterminé, du fini en toutes choses. Leurs œuvres s'opposaient à celles des peuples qu'ils nommaient les Barbares, comme le πέρας à l'ἄπειρον. Le mètre, la norme, dont ils tirent le principe de leurs beaux-arts (κανών), ils les portent d'une certaine manière dans la vie politique. Ce qu'ils ont fait en cette matière par esprit esthétique, les Romains l'ont accompli, sur une plus grande échelle, par esprit juridique. Ils ont discipliné l'Occident, ils l'ont plié à des formes gouvernementales et administratives qu'il ignorait auparavant. Les structures sociales, avec eux, sont simples, logiques, cohérentes, ce qu'elles ne sont, au moins au même degré, nulle part ailleurs dans le monde antique.

En tout cela, d'ailleurs, nous avons volontairement laissé de côté les formes de sociétés les plus primitives de toutes. L'humanité, à ses débuts, a passé par des organisations dont le détail nous échappe complètement et dont nous ne pouvons que soupçonner les grandes lignes. Tandis qu'on pensait, jusqu'au dernier

demi-siècle, que la famille patriarcale avait dû être la
forme originaire de toute société, les savants contemporains, à la suite de Bachofen, de Mac Lennan, de
Lewis Morgan, de Post — pour ne citer que des morts
— ont découvert une série d'autres groupements, très
différents de celui-là et à certains égards antithéti-
ques : la famille matriarcale, le horde promisque (?), la
tribu avec classes matrimoniales, etc... (1). Nous ne
croyons pas, pour notre part, que ces formes aient existé
partout, ni qu'il y ait eu entre elles un ordre de succession défini. Nous inclinerions plutôt à croire que
les différents groupes humains ont eu, au début, les
constitutions les plus variées. Le terme de société a
donc pu recouvrir, de ce chef, des collectivités tout à
fait hétérogènes.

Et de même qu'il existe un problème non résolu sur
les origines des formes sociales, il en existe un autre
sur leurs termes finaux. Bien des choses, aujourd'hui,
montrent l'humanité en voie de s'intégrer, de rapprocher ses divers éléments. Les habitats se font moins
éloignés, par le progrès des moyens de communication.
Les races se pénètrent. Les idiomes se fondent, et les
intelligences se nivellent. Les échanges se multiplient
entre toutes les parties du globe. La morale s'unifie,
la science étend partout son bienfaisant empire, les
religions mêmes commencent à apprendre à se tolérer.
Les lois tendent à se modeler les unes sur les autres.
Mais les gouvernements restent jaloux et hostiles en
face de leurs voisins. Bien des ferments de guerre sub-

(1) Dans la très abondante littérature de ce sujet, on peut citer
comme ouvrages généraux en langue française : Giraud-Teulon,
les Origines de la famille, Starcke, *la Famille primitive*, Wes-
termarck, *Origines du mariage dans l'espèce humaine.*

sistent encore. Nul ne peut prévoir si la tendance unitaire ou si la tendance pluraliste l'emportera. Le genre humain est-il destiné à ne constituer qu'*une* société, c'est ce qu'un avenir bien lointain pourra seul révéler.

CHAPITRE III

RÉALITÉ DE L'ÊTRE SOCIAL

I. *Organicisme et contractualisme.* — II. *L'organisme
ou super-organisme social.* — III. *Le lien mental et
politique de la société.*

I

La société, telle que nous venons de la définir, a-t-elle
bien une existence réelle, ou ne serait-elle qu'une abstraction, qu'un pur concept de l'esprit ? C'est ce que
nous devons examiner dans ce chapitre.

Deux tendances, en effet, se divisent tous ceux qui
s'occupent d'études sociales. Suivant les uns, les sociétés humaines, les nations constitueraient des êtres
véritables, ayant leur structure, leur vie, leur évolution, leurs maladies, tout comme les individus, bien que
sur un mode assez différent du mode individuel. Suivant
les autres, à l'inverse, ce seraient les individus humains
qui seuls seraient doués de toutes ces propriétés, qui
seuls auraient vraiment droit au nom d'êtres ; ce qu'on
appelle la société serait simplement un nom commodé,

ne recouvrant rien de spécifique ; les actions et les réactions des individus en constitueraient tout le contenu,
et ce ne serait par suite que de l'homme, avec sa structure organique et mentale, avec son activité et son
expansion au dehors, qu'il faudrait dans les sciences
sociales se préoccuper.

Ce débat célèbre a pris une forme particulière, sous
laquelle il s'est longtemps prolongé, depuis que les
deux tendances dont nous venons de parler se sont
incarnées en deux doctrines rivales, connues sous les
noms quelque peu barbares d' « organicisme » et de
« contractualisme ».

La première de ces doctrines, dont le plus célèbre
interprète moderne est M. Herbert Spencer (1), pour
faire comprendre la nature des êtres sociaux, s'efforce
de les rapprocher des êtres auxquels nul ne dénie l'existence indépendante : les organismes vivants, végétaux,
animaux, humains. Sans les assimiler à tel ou tel de
ceux-ci en particulier, elle affirme qu'on peut trouver en
eux tous les caractères que présentent ces derniers en
général. Elle montre en œuvre, dans leur constitution
et leur activité, les forces et les lois de la vie, telles que
les biologistes les ont dégagées. Elle propose donc de
les comprendre dans « la nature animée », en créant
simplement pour eux un ensemble nouveau : le règne
ou l'empire social.

____

(1) *Principes de sociologie*, notamment livre II. Encore faut-il
observer que M. Spencer est, à d'autres égards, un individualiste outrancier. Voir aussi Paul de Lilienfeld, *Gedanken ueber
die Socialwissenschaft der Zukunft*, et *La Pathologie sociale*,
ainsi que J. Novicow, *Conscience et volonté sociales*. Quant à
M. Albert Schaeffle, l'auteur de *Bau und Leben des socialen
Koerpers*, il dit bien que les sociétés ont une organisation, non
pas précisément qu'elles sont des organismes.

La seconde doctrine, prenant le contre-pied de celle-là, estime que la vie sociale n'est rien de plus que la manifestation d'une volonté des individus, que le résultat d'un accord qui s'est produit entre eux. A l'origine, pense-t-elle, les hommes vivaient isolés. Un jour, ils ont reconnu les inconvénients de ce régime, qui les opposait les uns aux autres et les laissait sans défense contre les forces physiques et les autres espèces animales. Ils ont convenu de s'associer. C'est de ce contrat qu'est née la société. Et actuellement encore, elle n'a d'autres règles que celles que lui donne l'entente de ses membres. Les forces et les lois qui la dirigent ne sont donc point d'ordre biologique, mais d'ordre psychologique et volontaire. Elle n'est pas un produit de la nature, mais bien une création de l'art humain. Elle n'a qu'une existence morale et juridique, si tant est même qu'on puisse parler pour elle d'une existence véritable. Voilà du moins ce que pensent, à la suite de Jean-Jacques Rousseau, nombre d'auteurs contemporains (1).

Telles sont, en bloc, les deux doctrines. A coup sûr, depuis qu'elles se combattent, elles ont appris à se faire réciproquement des concessions. Chacune d'elles a compris qu'elle ne devait pas prendre à la lettre les expressions dont elle aimait à se servir pour caractériser la société. Pour ne pas se laisser entraîner trop loin dans la voie des comparaisons biologiques, les partisans de la première, au lieu de parler de l'organisme social, disent plus volontiers aujourd'hui, en marquant par là tout ensemble l'élévation et la spécificité de cet être : « le super-organisme social ». De leur côté, pour

---

(1) *Le Contrat social* de Rousseau ne présente d'ailleurs la convention originaire que comme une hypothèse commode, non comme un fait historiquement certain.

n'être pas obligés de rapporter les termes précis de l'entente qu'ils voient à l'origine des sociétés, les partisans de la seconde, au terme de « contrat », substituent volontiers la dénomination de « quasi-contrat social ».

Qui mieux est, une doctrine transactionnelle s'est édifiée, entre ces deux systèmes opposés. Elle est due à M. Alfred Fouillée (1). Suivant son ingénieuse et compréhensive conception, les sociétés humaines seraient des « organismes contractuels ». Elles seraient nées et elles évolueraient tout d'abord à la façon des organismes naturels, mais peu à peu elles tendraient à se rapprocher d'une organisation juridique et conventionnelle. Soumises primitivement aux seules causes efficientes, elles verraient progressivement s'accroître en elles la part d'action des causes finales. Du règne de la fatalité elles passeraient ainsi dans celui de la liberté. Sans jamais cesser d'appartenir à la nature, elles relèveraient, chaque jour davantage, de l'esprit.

II

Nous n'avons pas l'intention de discuter ici en détails le problème résolu de façons si diverses par ces théories. Nous voudrions seulement donner les principaux arguments des deux systèmes opposés, sur les points du litige les plus décisifs. Ayant pris, dans un ouvrage antérieur (2), très nettement parti en faveur de l'un

(1) *La Science sociale contemporaine.*
(2) *Organisme et société* (ouvrage écrit en 1894, paru au début de 1896).

d'eux, nous avons été amené plus tard, par la réflexion personnelle et par la discussion (1), à modérer l'intransigeance de nos premières conclusions et nous espérons arriver à nous dégager suffisamment des préconceptions personnelles dans le jugement que nous allons porter.

Le point qui logiquement doit nous préoccuper le premier, c'est celui de l'origine, de la formation des sociétés. Or, en ce qui le concerne, il semble bien que la théorie organiciste soit considérée très généralement comme l'emportant. Personne ne soutient plus, aujourd'hui, qu'il y ait eu un contrat formel, exprès, au début des sociétés. En effet, un tel contrat supposerait l'intervention du langage ; et justement il est reconnu maintenant par tous que le langage n'a pu se former qu'au cours de la vie sociale. On tournerait donc, si l'on admettait l'origine contractuelle de la société, dans un cercle vicieux sans issue. Quant à parler de « quasi-contrat », on ne peut prendre ici ce mot dans l'acception où l'emploient les juristes, et, en dehors d'elle, il n'a plus aucune précision; il est même vide de sens. Il s'ensuit qu'il est nécessaire d'admettre l'origine, non contractuelle, non volontaire, mais naturelle, biologique, de la société. Les hommes ne se sont pas associés à un certain moment par un acte réfléchi. Ils sont nés associés. Ils ont trouvé entre eux, au début, le lien physiologique de la génération et celui de l'éducation des rejetons par leurs auteurs, surtout par la mère. Ces liens, que l'animalité possède, l'humanité primitive n'a pas pu les ignorer. La première société a donc été la famille, la famille naturelle bien entendu.

(1) Discussion à la Société de Sociologie de Paris, janvier-février 1897. Et surtout, discussion au troisième congrès de l'Institut International de Sociologie en juillet 1897, publiée dans e tome IV des *Annales* de cet Institut.

Car ce qu'on appelle la famille artificielle — le groupe reposant sur le lien de l'adoption, de la « fraternisation » — n'a été constitué que plus tard, sur le modèle de la famille naturelle. C'est plus tard aussi que des guerres ont eu pour résultat d'asservir certaines familles à d'autres et de les rassembler en un même groupe social; ou que des alliances pacifiques se sont conclues entre familles, par un contrat cette fois, mais par un contrat qui n'est venu qu'après de longues années de vie déjà sociale pour l'humanité. En un mot donc, le fait primordial a été, semble-t-il, d'ordre strictement biologique. C'est ce qu'a reconnu d'ailleurs l'auteur éminent de la théorie conciliatrice que nous citions tout à l'heure, M. Fouillée. Il a attribué, aux sociétés humaines initiales, le caractère d'organismes, c'est-à-dire le caractère de touts concrets se formant suivant les seules lois de la vie, sans intervention d'une volonté réfléchie et juridique. Et c'est le point sur lequel les défenseurs contemporains de la théorie contractuelle insistent le moins volontiers.

Si de l'origine des sociétés on passe à leur constitution actuelle, voici en peu de mots ce que soutient la théorie organiciste. Chaque société humaine est faite d'individus, comme chaque organisme est fait de cellules. Les individus ont entre eux, au sein de la société, des relations analogues à celles que les cellules soutiennent entre elles, à l'intérieur de l'organisme. Les relations interhumaines sont sans doute bien plus complexes que les relations intercellulaires, parce que les hommes sont des unités beaucoup plus complexes que les simples cellules, et par conséquent susceptibles de s'agréger réciproquement de façons beaucoup plus variées. Mais enfin les premières sont

construites sur les mêmes types généraux que les secondes. On trouve dans les premières bien plus que
dans les secondes, mais on y rencontre d'abord ce
qui caractérise celles-ci. Ainsi le corps social présente une structure qui rappelle en gros celle du corps
animal. Les individus s'y agencent en y formant divers
groupements secondaires, déterminés par leur origine,
leur position dans l'espace, leur rôle fonctionnel, leurs
affinités constitutives. L'analogue de tout cela se retrouve chez les cellules de l'être vivant. Les individus humains s'ordonnent en vastes organes chargés
chacun de l'accomplissement d'une des tâches nécessaires à la vie collective. La division du travail s'établit ainsi dans l'être social. Elle se complète par des
échanges incessants et une constante réciprocité de
service entre ses parties. Leur solidarité est extrême
en dépit des luttes qui existent entre elles, souvent à
l'état aigu, toujours à l'état latent. En tout cela, la
constitution sociale ne fait qu'imiter la constitution organique ; cette imitation est involontaire, et même
inconsciente, bien entendu ; elle est le simple résultat
du fait que les hommes, étant composés de cellules,
agissent spontanément comme leurs éléments composants. Enfin, la structure sociale comporte des éléments non humains : l'activité humaine matérialise
son œuvre en des produits objectifs (habitations, instruments, etc...) qui, après être dérivés d'elle, servent à leur tour à faciliter son exercice et en même
temps impriment à la structure sociale une certaine
fixité. Mais en cela encore on retrouve un processus
organique ; car l'être vivant, lui aussi, se constitue une
substance intercellulaire, se crée un squelette rigide,
qui, tout en lui donnant une certaine force de résistance,

aide à l'accomplissement de ses mouvements.—De même qu'il existe une structure sociale parallèle à la structure individuelle, de même il existe une vie sociale parallèle à la vie individuelle, et cela s'explique, puisque la vie n'est que la mise en œuvre des éléments dont la disposition constitue la structure. Dans la société comme dans l'organisme, il y a tout ensemble vie générale et vie locale, c'est-à-dire activité du tout et activité, en partie concordante, en partie indépendante, des unités composantes. La vie locale, c'est, pour la société, l'existence des individus, comme c'est, pour l'organisme, l'existence des cellules. La vie générale se manifeste, pour la société comme pour l'organisme, par l'existence de trois grandes catégories de fonctions : la nutrition, la reproduction, la relation. Aux premières, correspondent les processus économiques, et qui ne voit l'analogie que présente, par exemple, la circulation sociale des richesses avec la circulation organique du sang ? Des secondes dépendent les actes au moyen desquels une société se reproduit, soit asexuellement par division (formation d'une colonie par exemple), soit sexuellement par fusion (à la suite d'une conquête notamment). Aux troisièmes, ressortissent toutes les manifestations de la vie mentale ; sans doute la vie sociale amplifie, ici comme ailleurs, les données de la vie organique.; mais c'est toujours plus ou moins sur le même thème qu'elle édifie ses propres constructions. — Cette vie sociale, d'ailleurs, ne se répète point toujours identique à elle-même. Au contraire, elle change à toute heure. L'être social évolue tout comme l'être individuel. Comme lui, il naît, grandit, s'épanouit, décline et meurt. Il serait téméraire, à coup sûr, de prétendre assigner à ses transformations une loi unique. Mais pourtant, M. Herbert Spencer a tenté d'en formuler une, qu'il estime lui être commune avec l'être organique, et même avec tout être : son évolution, dit-il, consiste dans le passage de l'homogène confus à l'hétérogène coordonné. Quoi qu'il en soit, ce qui est certain, c'est qu'on voit les sociétés présenter, comme les organismes, le phénomène de la succession des âges, au cours desquels leurs structures s'altèrent et leur fonctionnement se modifie. C'est ainsi qu'on les voit s'adapter plus ou moins bien à leurs milieux, lutter entre elles pour la vie et se transformer sous l'action de ces nécessités. — Enfin les sociétés, tout comme les organismes,. connaissent la maladie. Elles passent plus d'une fois par un état de crise. Et les maux dont elles souffrent rappellent souvent ceux dont l'être individuel peut être atteint : l'anémie, ou son contraire, la pléthore, le parasitisme, la sclérose ou perte de la plasticité. La principale tâche de l'art politique n'est-elle pas de trouver une thérapeutique appropriée pour guérir ces maladies, ou plutôt, s'il est possible, une hygiène adéquate pour les prévenir ?

On le voit, la comparaison peut se poursuivre fort loin. Nous ne la pousserons pas ici dans le détail, comme nous l'avons fait ailleurs. Ce que nous voulons seulement retenir cette fois, c'est que, dans l'ensemble, les processus de la vie organique se rencontrent aussi dans la vie sociale. C'est, par conséquent, que les sociétés, les nations, sont soumises aux lois de la nature vivante, font partie de cette nature, constituent de véritables êtres animés.

Quelles sont les objections que l'on fait à cette théorie ? On lui reproche, essentiellement, de méconnaître la valeur propre de l'individu, en faisant de lui une simple cellule de corps social ; de croire qu'il peut être enchaîné par des lois physico-biologiques, alors qu'il est doué d'une volonté libre, et qu'il ne saurait être tenu que par les lois qu'il s'est données à lui-même, par les contrats qu'il a passés — car le principe du contrat est toujours au fond de la théorie sociale de ceux qui répugnent à l'organicisme, quelque nom qu'ils prennent. Seulement cette objection est présentée sous les formes les plus diverses. Ici on insiste sur la haute richesse mentale de l'unité humaine, qui ne permet pas, dit-on, de la comparer à une matière non pensante. Là, on fait valoir sa complexité, si supérieure à celle d'une cellule organique. Ailleurs encore, on insiste sur ce que les distances entre individus dans la société sont démesurément supérieures aux distances entre éléments biologiques, ou sur ce que les individus peuvent changer de place par rapport les uns aux autres, alors que ces éléments ne le pourraient pas. Mais toutes ces objections, nous semble-t-il, n'entament point le principe même de l'organicisme. Les cellules vivantes n'ont point, cela est évident, la valeur d'un être humain, mais, en fin de compte, elles n'en diffèrent qu'en degré, non en nature ; car l'être humain étant composé d'elles, ne saurait être d'une nature radicalement différente de la leur. Elles aussi ont déjà leur complexité ; elles aussi renferment un rudiment de conscience (1) ; elles aussi sont séparées par des intervalles considérables relativement à leur taille (2) ; elles aussi sont fréquemment migratrices. Les germes de la vie

____

(1) Ernest Haeckel, *ouvrage cité.*
(2) La découverte de la discontinuité des cellules cérébrales fait la gloire des anatomistes Golgi et Ramon y Cajal.

humaine se trouvent tous dans la vie cellulaire. Et si l'homme sait arriver, aux étapes les plus hautes de son existence collective, à se régir par des principes contractuels, nul doute pourtant qu'il demeure astreint, en même temps, aux règles physico-biologiques.

Nous ne pouvons examiner ici toutes les critiques de détail qu'on a faites, au nom du principe sus-mentionné, à l'organicisme. On a dit, par exemple : un homme peut appartenir à la fois à une nation et à un groupe non territorial, comme l'Eglise romaine ou comme l'Association internationale des travailleurs (la fameuse Internationale de Karl Marx) ; or une cellule ne peut appartenir à la fois à deux organismes ; ces deux unités ne sauraient donc être comparées. Mais l'objection tombe, de toute évidence, si l'on admet avec nous que les nations seules constituent des êtres collectifs véritables (1). Car alors le problème ne se pose même plus. — D'autre part on a écrit : la comparaison des sociétés entre elles serait bien plus profitable pour la science que la comparaison des sociétés avec les êtres vivants. Les organicistes ont-ils donc jamais nié la nécessité de comparer les sociétés entre elles ? M. Herbert Spencer n'a-t-il pas consacré à cette tâche toute une œuvre considérable (2) ? Ne s'impose-t-elle pas en vertu de leurs principes mêmes, puisque ceux-ci impliquent qu'à l'anatomie comparée et à la physiologie comparée des organismes individuels doivent faire pendant une anatomie comparée et une physiologie comparée des organismes sociaux ? Celles-ci constituent, à leurs yeux, une partie tout au moins du corps même de la sociologie, tandis que le rapprochement du

(1) Chapitre II du présent livre.
(2) *Descriptive Sociology*.

corps social et du corps vivant n'en peut être que l'introduction. — N'insistant pas sur ces critiques ni sur d'autres analogues, nous nous abstiendrons, par compensation, de nous étendre sur le fait que des découvertes biologiques récentes ont apporté un singulier appui à l'organicisme (1). La théorie de la phagocytose, entre autres, édifiée à la suite des remarquables recherches de M. E. Metschnikoff à l'Institut Pasteur, a montré avec quel art ou, si l'on veut, avec quelle science l'organisme sait se défendre contre ses ennemis. Elle a prouvé quelle réelle « virtuosité » existe jusque dans les plus humbles cellules. Elle a comblé, par là même, les abîmes qu'on prétendait exister entre ces cellules et les êtres humains (2).

Concluons donc que, s'il existe d'incontestables différences entre les sociétés et les organismes, elles ne sont pas telles cependant qu'on doive séparer radicalement les premières des seconds. Par leur caractère de complexité plus haute, les sociétés dominent les organismes ; mais elles présentent, comme eux, les caractères fondamentaux des êtres vivants. On peut par conséquent, pensons-nous, leur donner sans impropriété le nom de super-organismes.

____

(1) E. Duclaux, *Sociologie et Biologie* (Revue Scientifique 30 décembre 1899.)

(2) L'on a pu également tirer parti, en faveur de la doctrine organiciste, des travaux de l'école de « socio-géographie » dont M. Ratzel est le chef autorisé. Voir en ce sens l'étude de M. Emile Worms intitulée : *Le Tellurisme social.*

III

Mais admettons, pour un moment, que la démonstration précédente soit sans portée. Supposons que les sociétés n'aient aucune parenté véritable avec les organismes. Cela suffira-t-il à prouver qu'elles ne sont pas des êtres réels ? Nullement, car il reste possible qu'elles soient des êtres *sui generis*, d'une catégorie entièrement à part de toutes les autres. Pour établir qu'elles ne sont en aucune façon des êtres, il faudrait montrer qu'elles se réduisent complètement à la juxtaposition de leurs éléments. Ce serait le triomphe de la doctrine individualiste. Mais c'est ce qui ne se produira pas, croyons-nous.

Car il y a deux points, au moins, par lesquels les sociétés sont visiblement autre chose que cette juxtaposition d'éléments. D'abord elles savent survivre à la disparition de tous leurs membres actuels. La société française ne contient plus aujourd'hui, apparemment, aucun des individus qui la constituaient en 1800, et pourtant elle est restée fondamentalement la même. Sans doute ces individus ont été remplacés. Mais ce remplacement n'a rien eu de précis. Des familles entières se sont éteintes. D'autres se sont constituées. L'émigration et l'immigration ont emporté et apporté des flots humains, sans relation les uns les autres. Il n'y a donc pas un lien nécessaire entre la persistance des éléments de la société, et le maintien de ses formes et de ses fonctions. — En second lieu, cette société a une action sur ses membres. Elle les modèle tous suivant un certain type, leur imposant une langue, des façons de penser, des habitudes matérielles et morales, qui ne sont pas le fait de leur invention ou de leur choix individuels, mais qu'ils trouvent toute formées dans le milieu ambiant et desquelles ils ne peuvent pas ne point s'accommoder. Même là où la liberté de l'individu existe le plus complètement en apparence, elle est étroitement limitée par cette action sociale. Ainsi le Code civil français dit que les conventions librement formées font la loi des parties ; soit, mais leurs stipulations sont presque toutes dictées par les usages généraux ou locaux. Ainsi encore chacun de nous est maître de s'habiller à sa guise ; mais, si dans un certain monde on s'avisait de se passer d'un accessoire insignifiant de la toilette, d'une cravate par exemple, on se ferait honnir ; la coutume, ici, ou la mode règnent en souveraines. L'individu est donc dominé dans toutes ses démarches par la société, preuve évidente que celle-ci a bien sa réalité propre, qu'elle est quelque chose en dehors de lui. — Nous ne voulons pas dire, à coup sûr, que la société soit un être distinct des individus. C'est d'eux, et d'eux seuls, qu'elle est composée. Mais elle fait de leur ensemble quelque chose de neuf et d'original. Elle les organise suivant des lois à elle, qui ne sont pas celles que chacun d'eux établirait s'il était le maître. Elle n'est pas leur simple juxtaposition, elle est leur combinaison d'après des principes dont ils ne tiennent pas tous les secrets. Sans doute, ils peuvent, et grandement, réagir sur elle. Mais elle a d'abord agi sur eux, et cette action s'est exercée, plus profondément, plus complètement, d'une manière plus durable d'ordinaire que celle que plus tard ils pourront avoir sur elle.

De quoi donc est faite cette réalité de l'être social ? Si l'on ne veut pas accepter la théorie organiciste, suivant laquelle elle est faite d'un lien à la fois anatomi-

que et physiologique que cet être établit entre tous ses
éléments, il reste que tout au moins elle provient d'un
lien psychologique dont très certainement il les enserre.

Ce lien lui-même est multiple. Il vient, pour une
part, de l'hérédité, qni fait dépendre la constitution
mentale de chaque génération de celle des générations
antérieures. Pour une autre part, il dérive de l'éducation, laquelle donne à tous les enfants et adolescents
d'un pays les idées dominant chez les directeurs intellectuels de leur nation. Enfin, il dérive encore, en troisième lieu, des besoins communs à toute la société, des
circonstances dans lesquelles elle se trouve collectivement placée : car, sous la pression de ces circonstances
et de ces besoins, l'ensemble des individus qui la composent se sent porté à rechercher les mêmes moyens
de satisfaire aux nécessités ressenties. L'action impul-
sive de quelques personnalités d'élite, à de certains
moments, vient certainement s'y ajouter ; mais elle ne
saurait s'exercer avec la même continuité que les trois
précédentes actions ; par suite, elle ne peut avoir la
même importance ni être mise, à ce qu'il nous paraît,
tout à fait sur le même rang. Leur ensemble constitue
ce lien mental multiple qui tient la société unifiée et qui
fait d'elle, à supposer qu'elle ne soit pas un organisme
corporel, au moins, suivant une expression de M. Espinas, un « organisme d'idées ».

On ne saurait oublier d'ailleurs, qu'au renforcement
de ce lien contribue beaucoup l'organisation de l'Etat.
La société a, pour ainsi dire partout aujourd'hui, un
gouvernement politique, et la première tâche de ce
gouvernement est de maintenir l'unité sociale, soit
contre les tentatives séparatistes du dedans, soit contre
les tentatives envahissantes du dehors. C'est surtout

en face de ces dernières que la nation est amenée à prendre une pleine conscience de son unité. Qu'une invasion étrangère se produise, et on la verra tout entière se dresser en armes contre l'ennemi. Même sans supposer des événements aussi graves, il suffit que dans la vie journalière on signale quelque empiètement d'un Etat rival, quelque atteinte au prestige, à l'honneur, aux intérêts nationaux, pour qu'aussitôt le sentiment patriotique s'éveille et fasse du peuple lésé un groupe cohérent, s'opposant d'un seul et même élan aux efforts de son compétiteur. En ces moments là, l'unité de la société s'affirme et la réalité de son existence collective apparaît dans tout son jour.

Que conclure de tout cela ? Indubitablement, que les sociétés sont des êtres véritables. Sans doute, cela nous forcera à élargir la notion que d'ordinaire nous nous faisons de l'être, à admettre par exemple qu'un être n'est pas nécessairement composé d'éléments continus. Mais à cette extension des notions courantes, il n'y a, d'un point de vue général, que des avantages. Notre expérience est trop limitée pour que nous puissions croire y embrasser l'univers. La nature échappe à nos prises par trop de côtés, pour que nous prétendions faire tenir toutes ses créations dans nos définitions étroites. Il faut au contraire laisser la porte ouverte à des possibilités non encore définies, il faut réserver les droits de l'inconnu. Qui sait si des êtres nouveaux ne seront pas découverts, qui différeront bien plus des organismes que ceux-ci ne diffèrent des sociétés ? En faisant entrer ces dernières dans la liste des réalités concrètes, nous ne faisons pas œuvre de témérité, nous nous bornons à constater des faits et à leur donner l'interprétation nécessaire.

DEUXIÈME PARTIE

CONTENU, VIE

ET

ÉVOLUTION DE LA SOCIÉTÉ

CHAPITRE IV

LES ÉLÉMENTS SOCIAUX

I. *Eléments humains de la société; leurs groupements variés.* — II *Eléments non humains de la société.*

I

Pour déterminer l'objet des sciences sociales il ne saurait nous suffire de dire qu'elles portent sur les êtres sociaux, de définir ceux-ci, et de montrer leur réalité. Nous devons préciser davantage ce que la science peut trouver en eux à étudier. Pour cela, nous devons indiquer, au moins sommairement, ce qu'ils renferment, comment ils vivent et comment ils évoluent. Quel est leur contenu, quels sont les éléments dont ils sont composés, c'est ce que nous nous proposons de rechercher dans le présent chapitre.

Une société humaine est — cela est trop évident — formée d'individus humains. Mais cette proposition, qui paraît naïve à force d'être certaine, serait pourtant fausse si on la prenait trop à la lettre. La société n'est pas *directement* composée d'individus. Elle est composée de groupes dont les individus sont les membres. Par une première décomposition de la société, la science trouve ces groupes, et ce n'est que par un travail d'analyse ultérieur qu'elle peut parvenir jusqu'à l'individu. Quels sont ces groupes ? Dans l'école de Le Play (1), on répond généralement que ce sont des familles. Cette vue nous paraît beaucoup trop étroite. Si la famille est une collectivité intéressante à considérer, il y en a nombre d'autres qui méritent, au sein de la société, d'appeler l'attention de l'homme de science.

Aujourd'hui la démographie, ou étude de la population, est arrivée à définir une très grande quantité de groupements, ne rentrant pas les uns dans les autres, mais faits chacun à un point de vue particulier. Elle distingue d'abord les deux sexes. Puis elle examine les âges, en divisant d'ordinaire la nation en tranches quinquennales (individus de vingt-cinq à trente ans, de trente à trente-cinq ans, par exemple), en allant parfois jusqu'à la division annale (individus de deux à trois ans, de trois à quatre ans, par exemple), et même, pour les premières périodes de l'existence, jusqu'à la division mensuelle (individus de moins d'un mois, d'un mois à deux mois, etc...) et diurne (individus de un, de deux, de trois jours). Elle passe ensuite à la considération de l'origine des individus. Ceux-ci sont quelquefois répartis par elle en grandes catégories ethniques, en races. Mais c'est là un procédé presque complètement abandonné, vu son manque absolu de précision.

____

(1) Frédéric Le Play, *les Ouvriers européens, la Réforme sociale*, etc... Les disciples de Le Play se divisent en deux groupes, dont l'un publie un recueil, *les Ouvriers des deux mondes*, et une revue, *la Réforme sociale*, et dont l'autre fait paraître une seconde revue, dirigée par M. Edmond Demolins : *la Science sociale*. Voir l'ouvrage synthétique de M. Maurice Vignes : *la Science sociale d'après les principes de Le Play et de ses continuateurs*.

Peut-être a-t-il existé autrefois des races pures, à l'origine de l'humanité. Mais, depuis bien des siècles on n'en connaît plus de semblables : des croisements répétés les ont mélangées les unes aux autres, au point que, en Europe tout au moins, il est impossible de donner, des caractères d'une race quelconque, une définition et une énumération qui s'applique à tous les individus composant cet ensemble. Aussi la démographie n'emploie-t-elle plus guère la division en races, sauf pour les populations imparfaitement connues, par exemple pour les indigènes des colonies de l'Afrique centrale ou méridionale. Quand il s'agit des pays européens, elle fonde, sur la considération de l'origine, une division d'une plus grande valeur. C'est celle qui repose sur l'état civil. Les individus apparaissent là comme groupés en familles et en ménages. On les réunit d'abord suivant leurs rapports de parenté, selon qu'ils sont parents ou enfants, célibataires, mariés, veufs ou divorcés ; majeurs et maîtres de leurs droits, mineurs placés sous l'autorité paternelle, mineurs en tutelle, mineurs émancipés, majeurs interdits, etc... On les classe ensuite suivant qu'ils vivent ou non avec leurs proches ou avec d'autres concitoyens : on distingue les enfants vivant au foyer paternel et ceux qui en sont éloignés, on joint au ménage la liste des domestiques qui le servent, on rapproche du petit patron l'ouvrier ou l'apprenti vivant sous son toit. Mais, par ces dernières considérations, le ménage se différencie de la famille : celle-ci repose uniquement sur les liens du sang, celui-là implique au contraire, non plus la parenté, mais l'existence en commun, ou bien la collaboration. Le seul examen du ménage nous montre donc la nécessité de faire une place, à côté des groupements fondés sur l'origine, aux groupements fondés sur l'habitat ou sur la profession.

Même dans les sociétés primitives, la communauté d'habitation se substitue vite à la commune descendance comme lien entre les hommes. Dans les sociétés civilisées, elle acquiert, grâce à la stabilité de celles-ci, une place tout à fait prépondérante. Aujourd'hui, pour un pays comme la France, les ouvrages démographiques ont soin d'indiquer comment la population se répartit entre les fractions territoriales du pays : départements, arrondissements, cantons, communes. Ils distinguent soigneusement la population urbaine et la population rurale (1). Dans les villes, même, on fait des subdivisions suivant les quartiers, les rues, et parfois jusque suivant les maisons et leurs étages (2). En voyant les choses de plus haut, il n'est pas du tout indifférent de connaître la répartition et la densité de la population du globe suivant les continents, les grandes régions naturelles, les latitudes, longitudes, altitudes, etc... Toutes les données qu'on pourra obtenir avec précision dans cet ordre d'idées sont susceptibles de présenter un véritable intérêt scientifique.

Les divisions professionnelles sont, à tout le moins, aussi importantes. Peut-être même commencent-elles à prendre la première place. Dans peu de temps sans doute, les professions, ces véritables organes de l'être social, apparaîtront à tous les yeux avec leur capitale signification. Déjà certains auteurs veulent édifier une

______

(1) Voir par exemple les *recensements quinquennaux de la population française*, publiés par le ministère de l'Intérieur.

(2) *Annuaires et bulletins mensuels de statistique de la ville de Paris.*

morale professionnelle (1) ou donner dans la vie politique à chaque groupement corporatif une représentation
parlementaire proportionnelle à sa force numérique (2).
Dès maintenant, les statistiques officielles ont grand
soin de faire le relevé du métier exercé par chaque individu — ce qui n'est point toujours facile, vu la multiplicité fréquente des tâches d'un même homme,
l'enchevêtrement des industries les unes dans les autres, etc... Et des publications souvent remarquables
viennent mettre à la portée de tous les hommes d'é-
tude, les résultats des enquêtes ainsi poursuivies (3).

Voisin du groupement professionnel, mais pourtant
distinct de lui, est le groupement par classes.

La classe est l'ensemble des individus voués à un
même genre d'existence et amenés par l'analogie de
leurs situations à une certaine uniformité de tendances
et de pensées. Mais il y a deux manières d'entendre
l'analogie des situations. Ce peut être la collaboration
générale à une œuvre commune. Ce peut être aussi
l'égalité au moins approximative des fortunes. Au premier sens, tous les membres de l'enseignement, par
exemple, depuis les recteurs des universités jusqu'aux
instituteurs-adjoints des plus humbles villages, forme-
ront une même classe. Au second sens, les recteurs fe-
ront partie de la classe des hauts fonctionnaires, avec
les chefs de l'administration, de la magistrature, de
l'armée, du clergé, etc..., et les instituteurs appartien-

______

(1) E. Durkheim, *Quelques remarques sur les groupements
professionnels*, préface à la deuxième édition de *la Division du
travail social*.

(2) Charles Benoist, *la Vie nationale*.

(3) *Recensements professionnels en France. Recensement général des industries et professions en Belgique*.

dront à la classe des fonctionnaires subalternes, côte à côte avec les secrétaires des petites mairies et les greffiers des justices de paix. Cette dualité de sens pour le terme de classe n'a pas toujours été perçue, et cela a entretenu une équivoque qui d'ailleurs n'a pas nui au succès de ce terme. Il serait pourtant urgent qu'elle fût dissipée. Quoi qu'il en soit, c'est dans le premier sens que ce mot a été pris, quand on a cherché à faire la psychologie des classes (1), et c'est dans le second que les socialistes l'emploient lorsqu'ils parlent de la lutte des classes. Karl Marx, qui a lancé cette expression, distinguait en bloc les classes des grands propriétaires fonciers, des hauts-bourgeois, des petits-bourgeois, des paysans-propriétaires et fermiers, des ouvriers, des sans-travail : il a eu le mérite d'appeler l'attention sur ces divisions, mais le tort de ne pas suffisamment distinguer entre leurs bases possibles, le mode d'activité et la fortune. Il a d'ailleurs montré d'une façon particulièrement frappante leurs genres de conduite politique et leur réciproque interaction (2). Il reste beaucoup à faire pour préciser leur définition elle-même et leur composition, mais ce pourra être une tâche très fructueuse à accomplir, si elle est conduite dans un esprit d'entière impartialité et avec le souci exclusif de l'exactitude.

Il reste enfin à signaler les groupements fondés sur les affinités mentales entre les hommes. L'un d'eux, le plus connu, est le groupement religieux. La division des individus en églises et en sectes rivales a eu les plus importantes conséquences au cours de l'histoire et

---

(1) Arthur Bauer, *Les classes sociales.*

(2) Voir notamment son livre : *Révolution et contre-révolution en Allemagne.*

peut en avoir encore. A côté d'elle, on doit citer la division en partis politiques. Il n'y a pas de pays qui en soit exempt. A l'heure qu'il est, dans les nations à gouvernement parlementaire, on distingue au moins deux grands partis, les libéraux et les conservateurs. Mais ce sont là des étiquettes souvent trompeuses, désignant des choses très différentes suivant les temps et les pays et ne servant parfois qu'à recouvrir d'un nom pompeux des ambitions et des rivalités personnelles. — Bien d'autres associations d'origine mentale existent encore en nos pays. Il y a des groupements moraux : les stoïciens et les épicuriens dans l'antiquité ; les sociétés de la paix, les sociétés de bienfaisance ou les sociétés de tempérance de nos jours. Il y a des groupements esthétiques, les écoles en peinture, en musique, etc..., écoles qui comprennent, non seulement des artistes, mais la partie du public dont ils ont la faveur. Il y a des groupements proprement intellectuels : les académies, les sociétés savantes, les cercles littéraires, les écoles scientifiques, etc... — Et il se rencontre aussi, en dehors de tous ces groupes, des multitudes d'autres associations, où le lien des membres semble fait surtout du plaisir même qu'il y a à se sentir associés, à évoquer ensemble des souvenirs communs, à participer aux mêmes agréables exercices, ou des avantages occasionnels que cette union peut procurer : sociétés amicales, de secours-mutuels, de sports, etc., qui pullulent dans les villes de tous les pays, et qui fréquemment font preuve d'une intense vitalité

Bien entendu, ce ne sont là que les grands types de groupements, et nous ne songeons pas à donner une énumération complète de tous les modes d'association entre individus. Remarquons seulement que chaque être humain fait partie, tout ensemble, d'au moins un groupement de *chacun* de ces types : son sexe et son âge, sa race et sa famille, son habitat, sa profession, sa classe, sa religion, son parti politique, les diverses (et souvent très nombreuses) sociétés privées dont il est membre, exigent chacun de lui certains devoirs et marquent chacun sur lui certaines empreintes, qui ne l'empêchent pas de participer aux tâches et aux caractères de chacun des autres groupes auxquels il appartient. La nature humaine est ainsi faite, qu'elle est susceptible de multiples attaches pouvant coexister les unes avec les autres. La sociabilité, qui est son attribut fondamental, revêt, successivement et même simultanément, les aspects les plus divers.

II

Nous venons d'examiner les éléments humains de la société et leurs divers modes d'union à l'intérieur de celle-ci. Mais elle n'est pas formée d'eux exclusivement. Il entre, en effet, en elle, d'autres éléments, non humains ceux-là, mais en corrélation étroite avec les premiers ; ceux-ci ne sauraient subsister sans eux, et tout exercice de la vie sociale implique leur concours. Nous devons donc maintenant faire connaître quels ils sont.

A première vue, il semblerait que ces éléments non humains dussent eux-mêmes former deux catégories bien distinctes. Les uns seraient des produits de la nature seule ; les autres, des produits de l'activité humaine. Dans la première catégorie on rangerait tout ce qui constitue le milieu physique où vivent les hommes ; dans la seconde, tout ce que l'industrie de ces derniers parvient à créer pour leur usage. Mais cette classification, très nette en apparence, perd à la réflexion une partie de sa valeur. Il apparaît, en effet, que la seconde catégorie a des liens étroits avec la première, car l'industrie humaine ne travaille pas à vide, elle emprunte tous ses matériaux au milieu physique, ellle ne peut leur donner qu'une forme en partie nouvelle. Et d'autre part le milieu physique lui-même n'est pas inaccessible à l'action de l'homme : depuis des siècles que celle-ci s'exerce sur lui, avec une remarquable continuité, elle l'a singulièrement modifié. Il ne saurait donc être établi une séparation tranchée entre les deux séries d'éléments non humains de la société que nous indiquions tout à l'heure. Ce n'est pas à dire qu'il ne subsiste entre eux aucune différence ; mais leur distinction est toute relative, et elle va s'effaçant par degrés, à travers un ensemble de types de transition qui relient les types opposés les uns aux autres. Elle peut seulement servir de guide indicateur, à la condition qu'on ne la prenne pas trop à la lettre.

La société vit sur un sol donné. L'étendue et les limites de ce territoire sont des plus importantes pour son activité. Trop étroit, il ne lui permet pas la libre expansion de son être. Trop vaste, il la condamne presque forcément à la dissociation. La nature et la force des sociétés auxquelles il la fait confiner ont aussi une signification capitale ; mais ici, ce ne serait plus d'éléments non humains de la vie sociale qu'il s'agirait. — Il faut considérer encore le relief de ce sol. Une altitude considérable, comme inversement une extrême dépression, ne sont pas des conditions très favorables à la prospérité sociale. — Si l'orographie doit entrer en compte, l'hydrographie le doit aussi. Un peuple gagne à être voisin de la mer, de plusieurs mers de préférence. Il gagne à être arrosé de nombreux et importants cours d'eau. Il gagne à ce que le débit de ces cours d'eau soit régulier, à ce qu'on ne les voie point tour à tour déborder et tarir. C'est que les eaux maritimes ou fluviales sont un véhicule commode, l'instrument le plus ancien et toujours le moins coûteux des communications. C'est aussi que les secondes sont un agent merveilleux de fertilisation pour le sol. Là où l'eau manque, la vie s'arrête, le désert s'étend.

Au-dessus du sol où vit la société, s'étend un espace dont les gaz respirables sont nécessaires à l'entretien de la vie humaine. De plus, cette atmosphère est également importante à considérer à cause de son climat. Trop rude, le climat décourage l'homme. Trop doux, il l'amollit. La vie est impossible aux pôles et singulièrement gênée à l'équateur. Là, aucune espèce animale ou végétale ne réussit ; ici au contraire, une trop luxuriante floraison vient contrarier les efforts de l'homme. Puis il y a encore à tenir compte des météores que cette atmosphère renferme : pluie, neige, grêle, brouillard ; vent, trombes et cyclones ; phénomènes lumineux même. Car tout cela influe sur la stabilité et l'extension des établissements de l'homme sur la terre où il se trouve habiter.

Le sous-sol n'a pas une moindre influence sur son développement. Là où se rencontrent la houille et le fer, la grande industrie est possible ; là où se découvrent des mines d'or ou d'argent, afflueront les aventuriers d'abord, les colons sérieux ensuite. Mais ces richesses minérales ne sont pas les seules. Quand le sol est arable, c'est-à-dire quand il renferme en quantités appropriées les éléments de la fertilité — argile, sable, calcaire et humus, avec des doses suffisantes d'acide phosphorique et de potasse — les espèces végétales prospèrent, et par là même les espèces animales, qui font des premières leur nourriture, peuvent abonder. C'est de la teneur du sol, plus encore que de la composition de l'atmosphère, que dépend le développement des êtres vivants sur un territoire donné.

Inutile enfin d'insister sur l'action que la flore et la faune exercent sur l'humanité. Celle-ci trouve en elles ses plus précieuses ressources, comme, à quelques égards, ses plus redoutables ennemis. Leur extrême pauvreté ou leur trop grande exubérance la condamnent à une vie misérable. Leur abondance facilite ses débuts et surtout ses progrès ultérieurs. Leur nature a parfois une influence décisive sur la constitution sociale du peuple qui s'en nourrit. Un sociologue contemporain, M. Louis Gumplowicz, distingue quatre types de peuples originaires. Les premiers vivent des fruits que donne spontanément le sol, de la simple cueillette. Les seconds se nourrissent du gibier qu'ils ont pris à la chasse. Aux troisièmes la mer et les rivières fournissent leurs aliments, par la pêche. Les derniers, généralement des montagnards, subsistent aux dépens des autres, par le butin qu'ils font en guerroyant contre eux. Dans les stades postérieurs de l'évolution, ces divers groupes se transforment, mais en poursuivant chacun plus loin dans sa voie originaire. Les premiers passent de la cueillette à l'agriculture ; les seconds, de la chasse à l'élevage du bétail ; les troisièmes, de la pêche au commerce fluvial et maritime ; les quatrièmes deviennent les peuples conquérants. Or les institutions d'une société dépendent du genre d'occupation fondamental qui assure son existence. Elles portent donc, à travers les âges, l'empreinte du milieu physique et biologique dans lequel les circonstances ont placé cette société (1).

Sans admettre dans leur totalité ces vues de M. Gumplowicz, on peut reconnaître qu'elles paraissent renfermer une grande part de vérité. — Un auteur français, M. Edmond Demolins, est allé plus loin. Tandis que M. Gumplowicz croit à la diversité originaire des types sociaux (polygénisme), M. Demolins croit au contraire à l'unité primitive de l'humanité (monogénisme). Mais c'est un fait que celle-ci est actuellement fractionnée en nations très différentes. Pour l'expliquer, M. Demolins admet que les branches de la famille humaine primitive ont divergé à partir d'un centre commun, et que leur différenciation est le produit des routes variées qu'elles ont suivies, des faunes et des flores qu'elles y ont rencontrées et auxquelles elles ont dû s'adapter (2). Qui plus est, dans l'intérieur d'un même peuple, les tempéraments provinciaux seraient séparés surtout par l'effet du mode d'alimentation, par le rôle capital qu'y joue suivant les régions tel ou tel végétal comestible (3). Si l'étroitesse de ce système est notoire, il

(1) Louis Gumplowicz : *La lutte des races. Sociologie et politique. Précis de sociologie. Essais et mélanges sociologiques.*

(2) *Essai de géographie sociale ; comment la route crée le peuple* : I, *Les grandes routes de l'antiquité.*

(3) *Les Français d'aujourd'hui : les types sociaux de l'Ouest et du Midi.*

n'en reste pas moins que son auteur n'a fait qu'exagérer une idée juste.

Ainsi le milieu est l'une des causes qui déterminent le plus certainement la direction, l'amplitude et la valeur de la vie sociale. Mais l'humanité, sur laquelle son milieu agit si fortement, sait à son tour réagir sur lui, et, dans une certaine mesure, le transformer. Elle domestique les animaux et les élève. Elle cultive les plantes. Elle améliore leurs qualités natives à son profit, et leur en donne de nouvelles. Elle sait même créer des races inconnues à la nature. — Elle dote le sol et le sous-sol d'une teneur et de propriétés plus avantageuses, par des amendements et des engrais de toute sorte. — Elle endigue les torrents, change le cours des fleuves, crée des canaux de navigation ou d'irrigation. Elle modifie le rivage de la mer, par ses havres et ses digues ; elle conquiert sur l'océan des polders et des terres à vignobles. — Elle modifie le sol, comble les vallées, nivelle les hauteurs. — Elle entreprend même sur l'atmosphère. Par le boisement et le reboisement, elle améliore le régime des vents. Elle sait provoquer la pluie par des détonateurs, éloigner ou dissoudre la grêle par le tir, créer par la combustion de substances résineuses des nuages artificiels qui protègent le sol contre la rosée du matin. Elle lutte avec avantage contre tous les éléments et déjà elle s'est rendue maîtresse de plusieurs d'entre eux.

Si telle est son œuvre à l'encontre des forces les plus redoutables de la nature, combien plus puissante a dû être celle qu'elle a accomplie avec l'aide de ces même forces ! Car elle a pu le plus souvent les utiliser à son profit et tirer de la nature les moyens de son progrès. Elle a emprunté au milieu ambiant quantité de substances auxquelles elle a donné une forme appropriée à ses fins. Et c'est ainsi que s'est constituée la seconde catégorie de ses éléments non humains, ceux qu'on peut appeler industriels. Dès les premiers âges, elle a su satisfaire de la sorte à ses besoins fondamentaux, ceux de l'alimentation, du vêtement, de l'habitation, de la défense contre les animaux, de la parure, ce dernier n'étant pas moins pressant pour l'homme primitif et pour le sauvage que les précédents (1). Puis, avec le progrès, sont venus des besoins nouveaux, ceux de la croyance, du savoir, de la conquête, et ils ont engendré des arts et créé des instruments appropriés. Le désir des communications et la pratique du commerce en ont fait découvrir bien d'autres. Chaque goût à satisfaire a même eu sur la technique des répercussions multiples : car il n'a pas entraîné seulement la fabrication de l'objet qui devait procurer directement la satisfaction cherchée, mais aussi, par nécessité, celle de l'outil ou des outils destinés à produire cet objet ; et c'est ainsi qu'est né l'ensemble extraordinairement complexe des industries modernes. Nous ne songeons point du tout à énumérer celles-ci, ce qui serait ici hors de propos. Constatons seulement que chacune d'entre elles crée des objets, tous destinés à l'usage de l'homme, dont les uns sont absorbés par lui (aliments) ou attachés par lui à son être (vêtements, parures), dont les autres sont incessamment utilisés par lui comme une sorte de prolongement de ses propres organes (armes, instruments de toute nature) ou de suppléant de ses organes trop faibles (moyens de communication). Il existe donc une

---

(1) On le savait déjà au xviiie siècle. On en peut voir la démonstration dans le livre de E. Grosse, *Les origines de l'art.*

adhérence parfaite des éléments humains et des éléments non humains d'ordre industriel. S'il y a création continue des seconds par les premiers, on constate une réaction permanente exercée sur les premiers par les seconds : l'être humain, par exemple, acquiert plus de dextérité en maniant ses outils ; en revanche il perd, par l'usage des modes de locomotion industrielle, l'aptitude à la course et même à la marche. Or, il y a aussi, nous l'avons montré tout à l'heure, une influence constante exercée sur l'humanité par son milieu naturel et, en sens inverse, par celle-là sur celui-ci. Il est donc exact de dire que les éléments non humains de la vie sociale, qu'ils soient naturels ou industriels, sont si étroitement mêlés aux éléments humains et si intimement associés à leur vie, que la science, tout en les distinguant, doit toujours les placer côte à côte et tenir un égal compte des uns et des autres.

CHAPITRE V

LES FAITS SOCIAUX

I. *Essence des faits sociaux : imitation, contrainte, concours.* — II. *Caractères généraux externes des faits sociaux : multiplicité, complexité, diversité dans l'espace, variation dans le temps.* — III. *Caractères généraux internes des faits sociaux : mentalité, causalité, régularité, finalité immanente.*

I

Du jeu des divers éléments sociaux, de leurs actions et réactions réciproques, est faite la vie de la société. Cette vie se manifeste par des phénomènes, qui sont les faits sociaux. Qu'est-ce donc qu'un fait social ?

On a beaucoup discuté, en ces dernières années, sur la caractéristique de ces faits. On a produit à cet égard plusieurs théories, dont chacune éclaire bien toute une face de la question, mais dont aucune, croyons-nous, ne la résout tout entière. Peut-être même, au contraire, l'ont-elles compliquée en voulant lui donner une solution trop systématique.

L'une de ces théories est due à M. G. Tarde, qui l'a développée en de nombreux et ingénieux ouvrages (1). Suivant lui, tout fait social est plus ou moins un fait d'imitation. Tous les actes humains, en effet, se rangent en deux catégories : les uns sont l'œuvre personnelle de l'individu qui les accomplit, les autres sont, chez lui, la copie de ce qu'il voit faire à ses semblables ; les premiers sont des inventions, les seconds des imitations ; les premiers sont des phénomènes individuels, les seconds des phénomènes sociaux. Ce n'est pas à dire que, dans l'invention elle-même, il n'y ait rien de social ; mais, dans l'imitation, tout est social. Et réciproquement, tout ce qui est social prend la forme imitative. Car la sociabilité, c'est justement le fait, pour les hommes, d'être aptes à se comprendre, c'est-à-dire à se mettre à l'unisson les uns des autres, donc à partager les mêmes pensées et à accomplir les mêmes actes. Ainsi un phénomène est social dans la mesure où il est imité. Cette imitation est, d'ailleurs, un fait tout spontané. L'inférieur se sent naturellement porté à imiter celui qu'il voit placé au-dessus de lui. Cette imitation unilatérale est la seule qui soit d'abord connue. Puis, peu à peu, le supérieur est incité à prendre à son tour quelque chose à son inférieur. C'est l'ère de l'imitation réciproque. Le lien social n'existe dans toute sa plénitude que quand on en est arrivé là. Car c'est seulement alors que toutes les couches de la société commencent à se sentir, dans une certaine mesure, solidaires les unes des autres. Ce passage de l'unilatéral au réciproque est l'une des lois fondamentales de l'imitation. M. Tarde en a dégagé d'autres. Mais nous ne saurions

____

(1) *Les lois de l'imitation. La logique sociale. L'opposition universelle. Les lois sociales*, etc...

ici insister sur toutes celles qu'il a formulées. Nous devons nous contenter d'avoir signalé l'idée maîtresse de son système.

M. Emile Durkheim a présenté, sur le même objet, une théorie notablement différente et, qui plus est, à certains égards directement opposée. M. Tarde partait du principe de l'imitation toute spontanée des hommes les uns par les autres. M. Durkheim pense, à l'inverse, que c'est par la voie de la contrainte que les individus sont amenés à se ressembler entre eux. La société, dit-il (1), exerce sur chacun de ses membres une pression irrésistible ; elle lui impose certaines manières de faire d'une façon si impérieuse que, s'il veut se révolter contre elles, il est non seulement puni, mais souvent éliminé. Tel est le caractère des prescriptions inscrites dans les codes civils, dans les livres religieux, de celles que formule la morale laïque, de celles qu'établit la mode. Le langage même est réglé impérativement par la coutume et aussi le mode d'exercice de presque toute la vie économique. En somme, l'existence de chaque homme est dominée par des impératifs sociaux, qui se réalisent par son fait, mais sans son adhésion personnelle. On peut donc dire que ceux-ci ont une existence indépendante de leurs manifestations particulières, et c'est cela justement qui constitue leur essence sociale. Les idées sociales existent, en quelque sorte, en dehors des consciences individuelles : car celles-ci les trouvent toutes faites dans le milieu ambiant, les acceptent sans les créer. Les faits sociaux ne sont que la traduction, la réalisation

. (1) *Les règles de la méthode sociologique. La division du travail social. Le suicide.* Série d'articles parus dans les volumes successifs de *l'Année sociologique.*

de ces idées sociales. Ce sont donc des faits qui ne
relèvent pas, à vrai dire, de la personnalité de celui
qui les accomplit, des actes exécutés sous l'impulsion
coercitive d'une force extérieure et supérieure à son
vouloir propre.

En même temps que M. Durkheim, un autre sociologue français, M. Adolphe Coste, arrivait, indépen-
damment du premier et par une autre voie, à des conclusions analogues. Il distinguait, parmi les idées et
les actions de chaque homme, celles qui sont le produit
de la vie sociale et celles qui sont le résultat de son
activité mentale personnelle. Il jugeait que la sociologie était la science des premières et réservait l'étude
des secondes à ce qu'il nommait l'idéologie. Entre
elles, il établissait une distance aussi grande que celle
qui sépare, d'un autre côté, la sociologie elle-même de
la biologie (1).

A notre sens, il y a, dans ces vues de MM. Durkheim
et Coste, une certaine part d'exagération. La différence
entre l'individuel et le social n'est pas aussi grande
que ces penseurs se l'imaginent. Le social ne se réalise que par l'acte de l'individu ; il se teinte donc, forcément, de nuances individuelles. Et l'individuel, réciproquement, ne constituant que la plus petite part de
l'existence, s'appuie sur un fond social dont il porte
nécessairement l'empreinte. D'autre part, les vues de
M. Tarde appellent aussi un correctif. Quand deux
hommes agissent pareillement, ce n'est pas toujours
parce que l'un imite l'autre. Ce peut être parce que des
circonstances identiques ont fait naître en chacun d'eux

(1) *Principes d'une sociologie objective. L'expérience des peuples et les précisions qu'elle autorise. Le facteur population dans
l'évolution sociale.*

des pensées identiques. Ils peuvent se rencontrer et non se copier.

Sans insister sur les critiques particulières qu'on pourrait multiplier contre l'une et l'autre de ces théories, tenons-nous en à une remarque générale. Ni l'une ni l'autre ne nous paraît saisir, soit ce qui est l'essence du phénomène social, tel que nous le voyons tous les jours se produire devant nous, soit surtout ce qu'a dû être le phénomène social originaire. Prenons un fait actuel, qui se répète sans cesse et qui a la plus grande importance pour la vie collective : la conclusion d'un contrat entre particuliers, d'une vente par exemple. C'est, à notre avis, un phénomène indubitablement social, par son origine comme par sa portée. Or, il ne saurait s'expliquer, dans son essence, ni par l'imitation ni par la contrainte. Sans doute, les deux contractants s'imitent, dans une certaine et restreinte mesure, l'un l'autre ; mais ils s'opposent aussi, et il ne suffit pas de dire que l'opposition elle-même est une contre-imitation pour rendre raison de toutes leurs démarches. On peut bien dire encore qu'ils imitent tous les hommes qui ont, avant eux, passé des contrats : car ils leur empruntent pour ainsi dire le moule que ceux-ci ont créé ou perfectionné ; mais cela ne fait point comprendre le fait capital en la circonstance : l'accord des parties précisément sur tel objet à livrer en échange de tel prix. D'un autre côté, quelle part cet accord fait-il à la contrainte sociale ? Une certaine, à coup sûr : les formes du contrat sont celles que la loi ou la coutume imposent, et ce sont ces dernières aussi qui en régleront les suites. Seulement, ici encore, le centre de l'opération n'est pas atteint : le prix aurait beau (dans l'hypothèse la plus favorable à la doctrine examinée) avoir été fixé par un texte ou par un usage, le fait que le vendeur propose son produit à l'acheteur resterait libre. Toute entente a quelque chose de spontané dont la théorie de la contrainte ne tient pas compte. Voilà donc un phénomène social, contemporain et extrêmement fréquent, dont les deux systèmes antagonistes ne pénètrent pas l'essence.

Leur impuissance apparaît bien plus clairement encore, si nous envisageons des hypothèses plus éloignées ou plus rares. Il se peut que l'imitation et la contrainte aient un grand rôle à jouer dans les phénomènes de masse, si l'on peut ainsi dire, c'est-à-dire dans les faits mille fois répétés d'une manière identique, que présentent les grandes sociétés où nous vivons. Mais envisageons les petits groupes humains originaires, ceux où la formation de la vie sociale peut le mieux se prendre sur le fait. Quelle place y tiennent-elles donc ? Une place assez étroite, il nous semble. Quand une famille sauvage réunit toutes ses forces dans une entreprise de chasse ou de pêche, pour capturer une proie ardemment convoitée, cette coopération n'est pas due à la contrainte sociale, car il ne s'est pas encore établi de lois, ni même de mœurs bien impératives. On dit, il est vrai, que le sauvage est, plus encore que le civilisé, dominé par la coutume. Mais il s'agit alors du sauvage actuel, sur lequel pèsent des siècles de vie collective. Au contraire, dans notre espèce, il s'agit du sauvage primitif, chez lequel une tradition n'a pas eu le temps de se constituer. Cette coopération s'expliquera-t-elle mieux par l'imitation ? On pourrait le penser : car le mâle le plus valide ou le plus courageux donne peut-être ici l'exemple, que suivent peu à peu ses proches. Mais observons que tous ne font pourtant ici que ce que chacun était déjà tenté de faire par lui-même. L'impulsion était née en chacun d'eux individuellement ; l'idée des moyens à employer, également. C'est seulement un encouragement à poursuivre dans sa propre voie que chacun trouve dans l'exemple de ses congénères. Et d'ailleurs chacun n'imite pas exactement les autres ; au contraire, une division rudimentaire du travail s'établit déjà ; les individus prennent, suivant leurs aptitudes et leurs forces, chacun un rôle différent dans la poursuite de la proie commune. Il y a donc là une coopération primitive qui n'est due que pour une assez faible part au jeu de l'imitation. Cette dernière, qui a sans doute une action sociale antérieure à celle de la contrainte légale ou morale, n'a pourtant pas, nous le voyons, un rôle décisif dans l'explication des phénomènes sociaux originaires.

Il semble que par les remarques qui précèdent nous soyons mis sur la voie de la vraie solution. Qu'est-ce qui caractérise le contrat de vente dont nous parlions tout à l'heure ? qu'est-ce qui fait son essence ? c'est l'accord des volontés du vendeur et de l'acheteur. Pareillement, qu'est-ce qui caractérise la chasse en commun, la pêche en commun, de la famille primitive ? c'est l'accord des énergies déployées par tous ses membres dans la poursuite du même but. Le *concours* de plusieurs pensées ou de plusieurs activités, voilà donc ce que nous trouvons au fond de ces deux groupes de faits. Et voilà, croyons-nous, ce que l'on retrouverait pareillement au fond de tous les phénomènes sociaux. Dès qu'il y a entente, que ce soit entre deux personnes ou entre des millions, il y a lien social. Inversement, sans cette entente, pas de lien : le simple contact n'est pas un fait social, fût-il répété mille fois.

Le concours est d'ailleurs un phénomène extrêmement général, susceptible de prendre les formes les plus diverses. Les cas de concours sont beaucoup plus nombreux que ceux d'imitation et que ceux de contrainte. C'est justement pourquoi nous jugeons ce terme assez large pour embrasser toutes les variétés du phénomène social. On nous objectera peut-être qu'à force d'être général, il n'est plus explicatif. Mais, à vrai dire, ceux d'imitation et de contrainte ne le sont pas davantage. Dire que les gens se ressemblent parce qu'ils s'imitent ou parce qu'ils sont forcés de faire les uns comme les autres, ce n'est pas nous apprendre grand'chose. En présence de problèmes ultimes, comme est celui de l'explication de la vie sociale, l'esprit ne saurait plus découvrir de causes proprement dites. Il ne peut plus que grouper les faits sous des appellations générales. Au moins faut-il que celles-ci ne pèchent ni par excès ni par défaut. Celles d'imitation et de contrainte nous paraissent — quelques progrès d'ailleurs qu'elles aient certainement marqués — pécher toutes deux par défaut, parce qu'elles n'embrassent pas, contrairement à la règle logique, la totalité de l'objet défini. Seule, celle de concours nous a semblé lui être adéquate. Nous ne prétendons pas que le concours soit la cause de la vie sociale ; nous disons qu'il en est la forme et la marque, qu'il la traduit et l'exprime, qu'il n'y a pas de concours entre êtres humains qui ne soit un acte social, et que réciproquement il n'y a pas de fait social qui ne soit un phénomène de concours entre un nombre d'ailleurs illimité d'individus.

II

Après la nature des faits sociaux, il nous faut examiner leurs caractères. Nous ne traiterons dans ce chapitre que de ceux qui leur sont communs à tous, laissant pour le suivant l'étude de ceux qui sont spéciaux à tels ou tels d'entre eux, et qui permettent par là même de les répartir en diverses séries.

Les caractères communs à tous les phénomènes sociaux peuvent eux-mêmes, il nous semble, être divisés en deux catégories. Les uns sont ceux qu'on peut constater même en envisageant ces phénomènes du dehors. Les autres sont ceux qui exigent, pour être reconnus, qu'on pénètre en leur intérieur. Ceux de la première espèce, étant les plus apperents, doivent être énumérés tout d'abord.

Ce qui nous frappe immédiatement dans les faits sociaux, c'est leur multiplicité. A toute heure, nous en voyons se produire sous nos propres yeux une quantité considérable. Un travail exécuté en commun par une équipe d'ouvriers, une conversation tenue par un groupe de promeneurs ou d'oisifs, une leçon donnée par un professeur dans une classe, un exercice militaire exécuté par une compagnie d'infanterie, une délibération d'un comité politique, ce sont là des faits sociaux. Même la collaboration de l'ouvrier en chambre et de son apprenti, les phrases banales échangées par deux boulevardiers dans un café, la répétition qu'un unique élève reçoit d'un maître particulier, la leçon de maniement d'armes qu'un caporal donne à une recrue, l'entente privée qui s'établit entre deux meneurs et qui précède leur intervention oratoire, en constituent encore, bien qu'il n'y ait là que deux personnes en présence. Or, des faits de ce genre, c'est par dizaines que chaque homme, pour peu qu'il soit observateur, en aperçoit dans le cours d'une seule journée. Qu'on songe donc à ce que doit être la multitude de ceux qui se produisent dans le monde à travers les temps ! Il y aurait de quoi déconcerter le sociologue le plus résolu, si sa science devait consister à connaître tous ces faits. Heureusement il n'en est rien : comme nous le verrons bientôt, elle limite sa prétention à atteindre les règles les plus générales auxquelles ils sont soumis. Que cette prétention ne soit pas excessive, c'est ce que nous essaierons de prouver par la suite.

Une autre considération qui pourrait l'effrayer dès le début de sa tâche, ce serait la complexité de ces mêmes faits sociaux. J'ouvre un journal au hasard et je prends le premier fait qui me tombe sous les yeux. Ce fait, quel qu'il soit, comporte une variété considérable d'éléments. L'article qui vient d'attirer mes regards est intitulé : « la crise lainière à Roubaix » (1). J'apprends que, les laines étrangères ayant été achetées très cher et à terme par les maisons de Roubaix, puis ayant considérablement baissé de valeur, un certain nombre de ces maisons se trouvent ruinées. A quel ordre de faits se rattache celui-là ? Aux faits économiques évidemment. Précisons : aux phénomènes de répartition, puisque cette crise déplace des fortunes, modifie par conséquent

____

(1) Ce paragraphe a été écrit au cours de l'année 1900. L'exemple cité au texte, s'il a perdu son actualité, n'a pas cessé, croyonsnous, d'être démonstratif.

la distribution des richesses. Mais ce phénomène de répartition a été précédé d'un phénomène de circulation, très complexe lui-même, parce qu'il relève à la fois de la circulation des marchandises (le transport de la laine qui viendra de l'étranger en France), de la circulation monétaire (le paiement, l'envoi d'espèces de France à l'étranger) et de la circulation fiduciaire (le terme, le crédit fait à l'acheteur entre le jour où le marché se conclut et le jour où il s'exécute). Ce n'est pas tout : sur le dénouement de ce marché ont influé des phénomènes de production et des phénomènes de consommation. Les prix de la laine, en effet, auraient moins baissé, ou même, à l'inverse, auraient haussé si la production de la laine dans le monde eût diminué ou si la consommation s'en fût accrue. Mais justement on ne cesse de produire des laines nouvelles, et d'autre part les étoffes de laine sont plutôt moins demandées, à cause de la concurrence des étoffes de coton. Tous ces faits ont contribué à produire la crise. Voilà donc, en celle-ci, la réunion de quatre catégories de phénomènes économiques : phénomènes de production, de circulation, de répartition, de consommation. — Poursuivons. Nous allons voir que, à côté des phénomènes économiques, elle embrasse en elle une quantité d'autres faits sociaux. Pourquoi les maisons de Roubaix ont-elles fait tant d'achats ? Parce qu'elles ont cru que les cours de la laine continueraient à monter et qu'elles ont compté gagner sur les prix de revente. Elles ont spéculé sur la différence des cours, elles ont été prises d'une folle envie de jouer à la hausse. Or ce goût de la spéculation, cet amour du jeu, malheureusement trop répandus, ce sont essentiellement des phénomènes moraux.... immoraux plutôt, mais enfin relevant de l'éthique, de la science des mœurs. De la sorte nous voyons que la cause première de la crise est dans le développement d'une passion et nous saisissons sur le vif la connexion indissoluble de ces faits économiques avec ce phénomène éthique. — Et maintenant que nous connaissons la cause de la crise, voyons un peu ses conséquences. On ne sait pas encore (dit l'article du journal) combien il y aura de maisons atteintes ; mais on prévoit que plusieurs devront succomber. Qu'est-ce à dire ? c'est que plusieurs d'entre elles devront recourir à la liquidation judiciaire, ou même seront déclarées en faillite, ou peut-être même, qui sait ? verront leurs chefs condamnés pour banqueroute. Mais liquidation judiciaire, faillite, banqueroute simple ou frauduleuse, ce sont des phénomènes juridiques. Le tribunal de commerce et, pour la dernière, la juridiction répressive, y interviennent. Les auxiliaires habituels de la loi y ont leur rôle à jouer. Les articles des Codes s'y appliquent. Donc voilà un nouvel ordre de faits sociaux, l'ordre juridique, qui est intéressé à l'affaire. — Ce n'est pas le seul. Par suite des ruines qu'elle cause, bien des familles vont voir leur situation profondément modifiée. Non seulement le rang social de la maison atteinte va diminuer, mais son équilibre interne va peut-être se trouver compromis. Le chef de famille perdra de son autorité, en raison de la chute qu'il n'a pas su conjurer. Ou bien, au contraire, le malheur commun ramènera la concorde entre des époux désunis, entre des parents et des enfants peu d'accord. Tel mariage, projeté, va être rompu ; tel autre, qu'on jugeait impossible, va se faire. Ainsi d'importants phénomènes familiaux seront la conséquence de cette crise économique. — Bien plus, des faits politiques en naîtront. L'article en question rappelle que, quelques semaines plus tôt, avant que la crise ne fût aussi accentuée, mais alors qu'on en prévoyait déjà toute la gravité, un député est monté à la tribune de la Chambre française, et a signalé le péril que faisait courir l'existence d'un marché à terme à Roubaix. Un débat important s'en est suivi, dans lequel on a entendu des orateurs habiles soutenir les thèses les plus contraires. Il n'en est pas résulté, il est vrai, d'atteinte au prestige du gouvernement. Mais le ministre du commerce n'en a pas moins été mis en cause. Et qui sait ce qui eût pu se produire en un autre moment, avec des dispositions quelque peu différentes, si l'Exposition n'eût pas été ouverte ou si l'heure habituelle n'eût pas sonné pour les vacances parlementaires ? N'a-t-on pas vu, il y a quelques années, un arrêt de justice relatif à la durée de la garantie d'intérêts due par l'Etat à deux Compagnies de chemins de fer, entraîner la chute d'un ministre, puis celle du cabinet tout entier et amener, le lendemain, la démission du Président de la République lui-même !

Par cet exemple nous espérons avoir montré combien de faits de tout ordre se croisent et sont compris dans un seul événement. Cet événement, nous l'avons pris au hasard, et il est évident que malgré son importance relative, il n'est pas des plus considérables. Nous pourrons donc admettre que ce que, nous avons constaté pour lui se retrouverait dans tous les événements un peu marquants, c'est-à-dire qu'on y relèverait un enchevêtrement de faits sociaux de multiples espèces.

Un troisième caractère des faits sociaux, facile encore à constater extérieurement, c'est l'extrême diversité qu'ils présentent à travers l'espace. Les mêmes fonctions sociales s'accomplissent de façons toute différentes dans les pays même les plus voisins. « Vérité

en deçà des Pyrénées, erreur au delà », avait déjà
constaté Pascal. Bien plus, à l'intérieur d'un pays, il
existe, de province à province, de ville à ville, parfois
de famille à famille, des différences surprenantes dans
la façon de penser et d'agir. La France est à coup sûr
une des nations les plus unifiées qu'il y ait au monde :
le long effort de centralisation, poursuivi depuis sept
siècles par ses gouvernements successifs avec une remarquable continuité, y a contribué pour beaucoup.
Pourtant le parler diffère singulièrement, non seulement de la Flandre au pays basque, mais du Maine
à la Haute-Bretagne. Les habitudes professionnelles
et mondaines sont souvent tout autres en deux
villes voisines, par exemple, dit-on, à Rouen et au
Havre. Dans une même cité, deux familles, appartenant au même niveau social ou à la même profession,
auront des façons tout opposées de choisir leurs relations, d'élever leurs enfants, d'employer leurs revenus.
C'est pourquoi la recherche des « familles-types »,
indiquées dans l'école de Le Play comme objets d'études
monographiques fructueuses (1), est si difficile dans les
milieux urbains un peu élevés.

Enfin il faut encore remarquer que les faits sociaux
sont sujets, sur n'importe quel point donné, à des
changements incessants dans le temps. Cela s'explique
par leur extrême complexité et par l'action constante
qu'ils exercent les uns sur les autres. D'une part, chacun d'eux, présentant plusieurs faces, suppose l'équilibre de plusieurs forces en concours ; or tout équilibre
est nécessairement instable. D'autre part, d'un point de
l'espace à l'autre — et aujourd'hui, grâce à la facilité

____

(1) Voir dans notre tome second (*Méthode des sciences sociales*)
le chapitre consacré à la monographie.

des communications, ces deux points peuvent être aussi
éloignés qu'on le voudra — se produisent des courants
d'influence qui viennent perturber même les équilibres
présentant les plus grandes chances intérieures de stabilité. Sous cette double action des forces internes et
des forces externes, ces systèmes délicats que sont les
arrangements sociaux se voient modifiés incessamment.
De là l'évolution de la société, à laquelle nous aurons
bientôt à consacrer un chapitre tout entier. Pour le moment, bornons-nous à en constater l'existence — d'ailleurs indéniable — et à dire, pour nous résumer, qu'il y
a ainsi, chez les faits sociaux, tout ensemble et d'une
façon très accentuée, multiplicité, complexité, diversité dans l'espace et variation dans le temps.

III

Les caractères qui viennent d'être énumérés sont
ceux que l'observateur aperçoit même du dehors. Mais
si, poussant plus loin son enquête, il pénètre dans l'inti-
mité des faits sociaux, il en relève alors d'autres, par
lesquels il les connaît mieux.

D'abord ces faits sociaux impliquent tous un élément
mental. Sans doute, ils se traduisent au dehors par des
actes matériels, et même nombre d'entre eux semblent
s'y réduire. Mais en réalité, une pensée commune anime
tous ces actes. Le concours de deux ou plusieurs individus, que suppose tout fait social, est un accord de
pensées et de volitions avant d'être un accord de

mouvements. Pour que s'accomplisse un travail collectif, il a fallu un concert préalable des esprits. Il y a donc, dans chaque fait social, une commune représentation.

Par conséquent la psychologie a son mot à dire dans l'explication de tous les phénomènes sociaux, et tous doivent être intelligibles, puisque tous procèdent de l'intelligence.

En second lieu, ces phénomènes ont des causes. Ces causes sont d'ordre mental. Car même des événements matériels ne déterminent un mouvement social qu'en agissant sur les esprits. Elles peuvent être découvertes par la recherche scientifique. Nous ne croyons pas devoir ajouter, avec M. Durkheim, que la science ne doit chercher ces causes que dans l'ordre des faits de mentalité sociale. Car, nous l'avons déjà indiqué, il n'y a pas, suivant nous, une différence radicale entre la mentalité sociale et la mentalité individuelle. Les esprits sont toujours individuels et, quand ils entrent en action sous des influences sociales (c'est-à-dire, en réalité, sous les influences d'autres esprits individuels), celles-ci se combinent chez eux avec les impulsions qui viennent de leur propre fonds. Mais enfin il y a toujours des causes à ces faits sociaux. Ces causes forment entre elles un agencement, une série logique. Une semblable série peut-elle être perturbée par l'intervention d'un facteur indépendant de toute causalité, tel qu'on imagine parfois le libre arbitre ? Nous ne voulons pas discuter ici cette question, parce qu'elle est du ressort de la psychologie individuelle, et que du reste nous nous en sommes ailleurs suffisamment expliqué dans certains de nos précédents travaux (1).

(1) *Précis de philosophie,* chapitre ix. *Les théories modernes de la criminalité.*

Indiquons seulement notre conclusion en ce qui la concerne. Si le libre arbitre est conçu comme étant la liberté d'indifférence, c'est-à-dire la possibilité pour l'homme de se déterminer sans *aucun* motif, nous ne croyons pas à sa possibilité et nous le rejetons. Mais ce n'est pas ainsi que les plus avisés de ses défenseurs le conçoivent aujourd'hui, de sorte qu'en le rejetant nous ne condamnons qu'une doctrine vieillie et très généralement abandonnée. Si au contraire on veut maintenir l'existence d'une liberté humaine en insistant sur ce qu'il y a de personnel, d'original, dans chaque esprit, nous croyons qu'on peut très légitimement le faire. Deux individus, placés dans les mêmes conditions, en face d'une résolution à prendre, se détermineront différemment. C'est qu'il y a en chacun d'eux un fond mental, fait d'hérédité, d'éducation, d'expérience, de souvenirs, de savoir acquis, et aussi d'auto-formation de l'intelligence, d'entraînement réfléchi de la volonté, lequel décide, plus encore que les circonstances extérieures, de la conduite à tenir en chaque éventualité. La liberté de l'individu est faite de tout cela, parce que c'est par là qu'il échappe dans une certaine mesure aux prises du monde extérieur et se différencie des êtres qui sont par ailleurs ses semblables. Elle n'est pas autre chose que la personnalité elle-même. Elle est, suivant le mot de Kant, le « caractère intelligible » de l'homme. Et l'on voit immédiatement combien une semblable conception de la liberté, loin d'entraver l'œuvre de la science, la facilite au contraire. La liberté, en effet, n'est plus un pouvoir aveugle, perturbateur des causes normales, et dont l'action échappe à toute prévision et à toute règle. C'est, au contraire, un facteur rationnel, pleinement et parfaitement connaissable, dont la détermination intégrale est possible, et dont les effets dès lors peuvent être, sous certaines conditions, prévus avec autant de sûreté que ceux d'une cause extérieure quelconque. Quand on connaît à fond le caractère d'un homme, en prenant ce mot de caractère dans son sens le plus large, c'est-à-dire quand on connaît toute sa personnalité, on peut dire avec certitude ce qu'il fera dans telle situation donnée, parce qu'on sait dans quel sens son « libre arbitre » le portera. La liberté est donc une cause comme une autre, et les sciences sociales, loin d'avoir à redouter son intervention, savent qu'elle est un des facteurs les plus réguliers dont elles peuvent attendre et même calculer à l'avance le sens et l'intensité.

Bien entendu, un semblable calcul est souvent des plus difficiles à faire. Car il suppose une notion adéquate de tous les éléments si divers qui composent la personnalité d'un homme, c'est-à-dire une étude préalable de sa nature, extrêmement longue et minutieuse. Mais enfin ce problème, pour difficile qu'il soit en fait à résoudre, est, en principe, parfaitement et toujours susceptible de solution. En dirons-nous autant d'un autre problème, celui que posent devant nous les faits dits « de hasard » ? Pour comprendre ce qu'est le hasard, donnons-en un exemple. Tel individu a l'intention de s'engager dans une carrière. Ses aptitudes pouvaient lui permettre d'en choisir une différente, mais, après mûre délibération, il s'est déterminé pour celle-là. Son entrée dans cette carrière ne dépend pas que de lui. Il faut encore qu'il obtienne l'adhésion d'une autre personne qui d'un mot peut la lui ouvrir ou la lui fermer. Il se rend chez cette personne. Le « hasard » fait qu'elle est absente, éloignée pour une semaine. Notre homme est obligé, par cette circonstance, d'ajourner la réalisation de son dessein. Il lui faut attendre quelques jours. Mais pendant ce délai il se rencontre pour lui une occasion favorable, tentante, d'entrer dans l'autre carrière, qu'il avait d'abord dédaignée. Pour ne pas prolonger l'attente, pour ne pas courir les risques d'un refus possible de celui qu'il voulait voir, il saisit cette occasion. Le voilà qui change de route et toute son existence peut-être va s'en trouver modifiée. C'est le hasard qui l'a voulu. Qu'a été en réalité ce hasard? Ç'a été le fait que la personne dont la décision importait s'est vue amenée à quitter momentanément son domicile. Mais elle ne l'a fait que sous l'empire d'intérêts, de sentiments, de nécessités parfaitement intelligibles. Sa détermination a des causes connaissables. Elle n'échappe aucunement aux prises de la science, bien qu'elle échappe à l'action de l'homme sur la vie duquel elle allait avoir une répercussion si considérable. Voilà ce que nous paraît être, dans tous les cas, le hasard. C'est l'action, sur un ordre de faits sociaux, d'un autre ordre qui n'avait jusque-là aucune relation avec lui; c'est, comme on l'a dit depuis Cournot, « l'entrecroisement de deux séries indépendantes ». Mais cette action, cet entrecroisement, si soudains qu'ils soient, n'ont rien d'anormal. Tous les faits sociaux font partie du même monde humain et il faut toujours s'attendre à ce que chacun d'eux ait, à un moment quelconque, sa répercussion sur tous les autres. Nous ignorons ce moment parce que notre science n'est pas assez avancée. Si elle l'était davantage nous pourrions le prévoir. Seulement cela supposerait chez elle des progrès immenses, qui ne peuvent s'accomplir que dans un temps incalculable. En résumé donc, ni le libre arbi-

tre ni le hasard, n'offrent, par nature, à la science un
obstacle invincible. Notre ignorance de la constitution
intime de chaque personnalité fait la difficulté du premier problème. Notre ignorance de l'enchaînement des
existences individuelles fait celle du second. Toutes
deux sont actuellement profondes, et la seconde est
plus difficile encore à éliminer que la première : car la
seconde question suppose résolue la première, puisque,
pour prévoir les rapports d'une multitude d'êtres, il
faudrait d'abord savoir à fond ce qu'est chacun d'eux.
Mais enfin il n'y a pas là de quoi nous faire désespérer
de l'avenir des sciences sociales. Tôt ou tard la complexité des problèmes doit céder devant la ténacité et
l'ingéniosité des chercheurs. Le monde social, créé par
l'effort synthétique des esprits tournés vers l'action, ne
peut demeurer toujours impénétrable à l'effort analytique des esprits tournés vers le savoir.

Les phénomènes sociaux ont donc des causes que
l'investigation peut faire connaître. Et, dans cet ordre
d'études, la limite de notre ignorance peut être indéfiniment reculée. Est-ce tout ? Ne pouvons-nous savoir
d'eux que leurs causes efficientes ? La science a la
prétention d'aller plus loin, de connaître aussi leurs
lois. On lui objecte qu'il n'en existe pas dans le monde
social, que les phénomènes « n'y sont qu'un instant
et n'y sont qu'une fois », suivant une expression de
M. Tarde. Nous ne croyons pas devoir discuter ici à
fond ce nouveau problème, qui trouvera sa place lorsque nous examinerons les opérations que la science
peut accomplir en traitant des phénomènes sociaux, et
rechercherons si notamment elle peut, sur les constatations qu'elle a faites de leurs causes, se livrer à l'in-

duction de rapports généraux (1). Mais disons immédiatement que, à notre sens, il n'est pas niable que ces phénomènes présentent une véritable régularité, à la fois dans l'espace et dans le temps. Dans l'espace, on voit la plupart des professions s'exercer à peu près de même façon chez tous les peuples civilisés d'aujourd'hui, comme déjà un observateur eût pu les voir s'exercer à peu près de même façon dans tous les Etats chrétiens du moyen âge. Dans le temps, on constate que nous avons hérité de nos aïeux d'il y a dix ou même vingt siècles, un nombre incalculable d'usages économiques, moraux, religieux. Il existe donc des ensembles typiques de phénomènes sociaux, invariables, soit dans une même société à travers la durée, soit à un même moment à travers les distances dans un vaste groupe de sociétés. Et il existe sans doute aussi des façons typiques et constantes pour de semblables ensembles, d'évoluer, de se transformer d'un siècle à l'autre. Ces types sociaux devront être dégagés, ces lois sociales devront être poursuivies. Car c'est par leur possession seulement que les études sociales arriveront à réduire l'infinie diversité des matières qui forment leur domaine à un certain nombre d' « uniformités » caractéristiques, ce qui doit être, nous le verrons, l'une des étapes décisives de leur constitution scientifique.

Enfin, il est un quatrième caractère interne que présentent les faits sociaux. Ils portent, à nos yeux, la trace évidente d'une certaine finalité. Il ne s'agit pas ici, qu'on l'entende bien, d'une finalité transcendante,

---

(1) Tome II, *Méthode des sciences sociales*, chapitre de l'induction.

suprasensible, telle que la conçoit la métaphysique.
Nous ne voulons parler que d'une finalité immanente,
ne sortant aucunement du monde humain, telle que la
science peut la comprendre et la constater. Or cette
dernière nous paraît indéniable en matière sociale.
Les phénomènes sociaux, en effet, sont la manifestation des volitions humaines. Celles-ci tendent à réaliser le bien de l'individu, tel du moins qu'il le conçoit.
Elles ont donc une certaine fin, la satisfaction des
désirs de leur auteur. C'est la considération de la fin
poursuivie qui explique les moyens choisis, les voies
prises, les étapes parcourues. Se priver de cette considération, ce serait, pour la science sociale, éteindre
volontairement le meilleur foyer de lumière qu'elle ait
à sa disposition pour éclairer son chemin si souvent
obscur. Nous ne saurions donc comprendre que l'on
veuille proscrire l'étude des causes finales, entendues
en ce sens. L'existence de fins humaines est un fait, et,
comme tel, elle a droit à être étudiée par les sciences
humaines. Bien plus, c'est un fait capital, qui en explique beaucoup d'autres, et, qui, à ce titre, appelle toute
l'attention de l'investigateur. Les phénomènes sociaux
s'ordonnent au moins en partie suivant les fins de l'esprit : loin d'exclure l'existence des causes et des lois
sociales, cette proposition permet de mieux comprendre et de préciser davantage leur nature. Cette finalité-
là ne fait aucun obstacle à la science, elle en facilite au
contraire l'élaboration, parce qu'elle est pleinement
intelligible. Pour reconstituer par exemple des traits
d'une organisation sociale disparue, on pourra, on
devra, avec prudence sans doute, s'aider de la considération de ce que ses auteurs, étant donné ce

qu'on sait des circonstances où ils vivaient, ont dû
vouloir réaliser. Mentalité, causalité, régularité, finalité, sont les caractéristiques intrinsèques des faits
sociaux, caractéristiques dont chacune s'accorde avec
toutes les précédentes.

CHAPITRE VI

CLASSIFICATION DES FAITS SOCIAUX

I. *Diverses classifications proposées.* — II. *Notre propre classification.* —III. *Organes sociaux préposés à l'accomplissement des différents ordres de faits sociaux.*

I

Une fois indiqués la nature et les caractères communs des phénomènes sociaux, il faut rechercher les caractères particuliers qui les distinguent les uns des autres. Il est certain, en effet, que l'on peut établir parmi eux des catégories assez variées, à chacune desquelles peut correspondre une science qui en fasse son étude. Mais il ne suffit pas de nommer ces catégories dans un ordre quelconque. Il faut les ranger en une série dont la seule disposition indique déjà, au moins à grands traits, les rapports qui unissent ces divers groupes entre eux. En un mot, ce qu'il est nécessaire de faire, ce n'est pas une simple énumération, c'est une classification des faits sociaux ou plutôt, non pas de tous ces faits, mais des ordres dans lesquels ils peuvent tous être rangés.

On a bien souvent tenté cette classification. Nous ne saurions analyser tous ces essais, qui d'ailleurs aboutissent pour la plupart à des résultats fort analogues les uns aux autres. Signalons-en seulement un, qui nous semble particulièrement original. Auguste Comte, on le sait, a donné un tableau d'ensemble des phénomènes fondamentaux que le monde présente à l'observation : phénomènes astronomiques, physiques, chimiques, biologiques, sociaux ; et ce tableau est fondé sur ce principe que, du commencement à la fin de la liste, les phénomènes qu'on rencontre successivement vont présentant une complexité croissante et une généralité décroissante. Un très distingué sociologue belge, M. Guillaume De Greef, a proposé d'utiliser à nouveau ce principe, appliqué par Comte à la classification générale de tous les phénomènes mondiaux, en le faisant servir cette fois à la classification particulière des phénomènes sociaux. Il est ainsi parvenu à distinguer, parmi ceux-ci, les sept catégories suivantes :

1° Faits économiques, entre lesquels il considère les faits de circulation comme ceux qui portent les premiers et le plus essentiellement le caractère social ;

2° Faits génésiques et familiaux ;

3° Faits esthétiques ;

4° Faits intellectuels, croyances et idées ; ce groupe comprend à la fois la religion et la science, celle-ci étant la forme nouvelle de l'activité mentale dont celle-là était la forme ancienne, et celle-ci devant, suivant notre auteur, éliminer celle-là ;

5° Faits moraux, renfermant à la fois des pratiques et des conceptions, les mœurs et la morale proprement dite ;

6° Faits juridiques ;

7° Faits politiques.

Les premiers, pour M. De Greef, sont les plus profonds, et les septièmes sont les plus superficiels de tous. Les premiers sont les plus stables ; les septièmes, les plus variables. L'attention des foules se porte d'abord sur les derniers ; mais l'observateur sagace va droit aux premiers, sachant que c'est sur eux que tout l'édifice social repose. D'eux, en effet, viennent les impulsions qui ébranlent peu à peu la masse entière des stades sociaux qui leur sont superposés. Les ordres de faits inférieurs, dans cette série ascendante, agissent sans cesse sur les ordres supérieurs. Il est vrai qu'en retour ceux-ci réagissent sur eux. Mais leurs réactions sont moins fortes et moins importantes, au total, que les actions qu'ils ont d'abord subies. Et la loi la plus importante peut-être de tout le monde humain est celle de l'influence prépotente exercée par les faits basilaires sur les faits superficiels de la vie sociale (1).

L'effort de construction qu'a coûté cette théorie nous paraît remarquable. Nous devons pourtant faire sur elle nos réserves. Laissons de côté, pour le moment, la question de l'action réciproque des ordres de phénomènes sociaux, sur laquelle nous devons revenir dès le prochain chapitre. Mais disons immédiatement que le principe même de la classification adoptée par M. De Greef nous semble quelque peu contestable. Nous ne sommes pas bien sûr qu'il y ait des ordres de phénomènes sociaux plus généraux que les autres. Partout où existe la vie économique, existent aussi — sous une certaine

______

(1) Guillaume De Greef, *Introduction à la sociologie,* tomes I et II. *Les lois sociologiques. Le transformisme social.*

forme — la vie génésique et familiale, la vie morale,
la vie intellectuelle. Elles peuvent être très rudimentaires à leurs débuts, mais à un stade où la vie économique
l'est aussi. Seuls peut-être, les phénomènes juridiques
et politiques sont plus tardifs dans leur apparition que
les autres. Mais cela ne suffit pas à établir le bien-
fondé de toute l'échelle construite par M. De Greef.
Nous retenons pourtant l'ordre qu'il a dégagé et que
sera dans une certaine mesure le nôtre, sauf des modifications qui apparaîtront bientôt.

II

Pour nous, s'il nous est permis de tenter à notre
tour l'œuvre de classification où tant d'esprits se sont
déjà essayés, nous chercherons notre principe dans les
fonctions de la vie individuelle que l'existence en
commun permet de mieux exercer. On ne saurait, en
effet, à aucun moment oublier que, si la société dure,
c'est parce qu'elle permet à l'être humain de vivre et
de se développer mieux qu'il ne le ferait dans la solitude.
On dira peut-être que c'est là un point de vue finaliste,
mais nous avons déjà déclaré (1) que la finalité, entendue en un sens purement humain, n'a rien que d'admis-
sible dans le monde social et que même elle y règne,
nous semble-t-il, avec évidence. L'exercice des fonctions
de l'individu est donc ce qui remplit la vie sociale, et

(1) Chapitre V, § III, *in fine.*

par conséquent il nous paraît naturel de tirer, de la classif...tion de ces fonctions individuelles, celle des phénomènes par lesquels se manifeste cette vie sociale. Une pareille vue est d'ailleurs tout à fait indépendante de la conception de la société comme un organisme. Car, que la société soit ou non un organisme, en elle-même, considérée dans son ensemble, ce qui est certain c'est qu'elle est composé d'organismes et que son activité est faite de la leur. On verra d'ailleurs plus complètement, quand nous aurons exposé notre classification des faits sociaux, en quoi celle-ci se montre affranchie de toute préconception organiciste.

Trois groupes de fonctions caractérisent l'être humain. On les nomme respectivement : fonctions de nutrition, fonctions de reproduction, fonctions de relation. Le terme de nutrition doit être pris, et est pris couramment par les biologistes eux-mêmes, dans le sens le plus large. Ainsi ils entendent par aliment tout ce que l'être ingère pour soutenir sa vie, y compris les éléments gazeux tels que l'air inspiré, y compris aussi les simples excitants, qui ne produisent sur l'organisme qu'un effet momentané. Dans la vie sociale, le contenu de cette fonction doit aller s'élargissant encore. Il y faudra faire rentrer tout ce qui sert à l'entretien matériel de l'existence humaine, c'est-à-dire tout ce qui permet à l'individu de satisfaire ces besoins nutritifs que nous avons précédemment trouvés en lui : besoins d'aliments proprement dits, de vêtement, de logement, de défense (car tous les objets qui leur répondent servent à assurer sa vie), de parure même (car la parure peut être assez exactement comparée à l'excitant). Sans doute, au cours du développement de la société, tous ces besoins se compliquent et s'affinent ; sans doute aussi ils donnent naissance à une série considérable de produits, dont le lien avec les primitives impulsions biologiques n'est plus qu'indirect ; sans doute ils se transforment, en un mot, sous l'action de facteurs mentaux. Mais n'avons-nous pas vu précisément que les faits sociaux sont tous imprégnés de mentalité ? Cela ne saurait empêcher que l'origine « nutritive » de tous les besoins que nous venons d'énumérer reste parfaitement reconnaissable. Or, il y a tout un vaste groupe de phénomènes sociaux qui ont justement pour but d'assurer à l'homme ces objets d'alimentation, ces habits et ces gîtes, ces moyens de défense et de parure. Ce sont les phénomènes économiques. Ceux-ci répondent donc à la fonction de nutrition, fonction d'origine biologique mais singulièrement élargie par la vie sociale.

Au cours de l'histoire, leur processus devient extrêmement complexe. D'abord produits dans le cercle étroit de la famille primitive, les objets nécessaires sont de plus en plus demandés au dehors. A mesure que la sécurité s'établit dans les relations entre groupes, que les échanges se régularisent, que la facilité des communications s'accroît, la division du travail va grandissant : limitée primitivement aux membres de la famille, elle s'étend peu à peu aux familles, plus tard aux cités, aux régions ; chaque individu et chaque groupement se consacrera désormais, uniquement ou principalement, à la création des produits pour lesquels il a un avantage naturel ou acquis, et il obtiendra tous les autres par voie d'échange contractuel. Ce grand fait, qui est capital pour toute l'histoire économique, et qui a ses répercussions sur toute l'histoire sociale, se résume en ceci : le passage, comme on dit en Allemagne, de l' « économie naturelle » à l' « économie d'échange », ou, si l'on veut, la création des marchés et leur élargissement progressif. M. De Greef n'a donc pas tort, à cet important point de vue, de voir dans le fait de la circulation le fait économique socialement dominateur.

Quoi qu'il en soit, la circulation n'est actuellement que l'un des termes du processus économique. Celui-ci en embrasse encore trois autres. En premier lieu, il faut créer les objets destinés à la satisfaction des besoins, ce que les économistes appellent les richesses : c'est la production. Puis, ces objets vont par des échanges successifs passer de mains en mains : c'est la circulation. Au terme de celle-ci, ils arriveront à des personnes déterminées, en la possession desquelles ils se fixeront : c'est la répartition ou distribution des richesses. Enfin, leurs possesseurs pourront en faire divers usages, les consacrer à telle ou telle fin, satisfaction immédiate, épargne, reproduction : quelque soit leur emploi, il constitue une consommation. Production, circulation, répartition ou distribution, consommation, ce sont là les quatre moments successifs de la vie actuelle des richesses. Dans quel ordre logique faut-il les ranger ? C'est ce qui est fort discuté. Il n'est aucun d'entre eux qui ne puisse prétendre être classé le premier. En faveur de la production, on dira qu'il faut d'abord que des richesses soient créées pour qu'elles puissent s'échanger, se répartir, se consommer. Les titres de la circulation à la primauté viennent d'être exposés il y a un instant. Ceux de la répartition ou distribution se tirent surtout de l'acuité présente des problèmes qu'elle soulève ; aucune question n'est plus angoissante pour les sociétés occidentales contemporaines que celle d'une équitable attribution des richesses, d'un juste partage des biens entre ceux qui ont contribué à les produire. Enfin, la consommation apparaît comme le but de tout le processus économique : n'est-ce pas en vue d'utiliser les richesses, c'est-à-dire de les consommer, qu'on les produit, transfère et divise ? et la considération du but ne doit-elle pas, en matière sociale, primer toutes les autres ? Il y a donc d'assez bonnes raisons à invoquer de part et d'autre en faveur de la prédominance de chacun des groupes de faits économiques. Mais cette question de hiérarchie n'a pas besoin de recevoir une solution unique et invariable. Suivant les circonstances, suivant la nature du sujet qu'il traite, l'économiste aura à constater la prépondérance de l'un ou l'autre groupe, laquelle n'empêchera pas qu'ailleurs, dans une sphère voisine, ce sera un autre groupe qui l'emportera. Ici nous n'avons voulu marquer entre eux qu'un enchaînement qui reste constamment le même, de quelque interprétation qu'il soit susceptible.

Après la fonction de nutrition, vient dans la vie biologique la fonction de reproduction. Celle-ci encore est singulièrement amplifiée dans la vie sociale. Car ici elle ne s'arrête plus à l'acte organique de la génération, elle embrasse aussi tous les phénomènes antécédents, simultanés ou ultérieurs qui lui sont liés. L'amour, le mariage, la vie en commun des époux, l'éducation des enfants issus de leur union, les relations entre ascendants et descendants, et aussi entre collatéraux, l'aide mutuelle entre membres de la famille, les rapports même de celle-ci avec ses collaborateurs asservis ou salariés, logiquement lui doivent être rattachés. Tout ce qui concerne, en un mot, la constitution du groupe domestique, se trouve lui ressortir. Or ces phénomènes sont extrêmement importants, puisque c'est au sein de la famille que s'élabore la sociabilité. Ils méritent donc une étude distincte entre les phénomènes de la vie collective. Nous proposons de désigner l'ensemble qu'ils constituent, sous le nom de faits domestiques, et la science qui s'y attachera, sous le nom de science de la famille.

Reste enfin, après la nutrition et la reproduction, à envisager la troisième grande fonction, celle de relation. Dans la vie organique, on appelle faits de relation à la fois ceux qui marquent l'unité de l'être vivant (action du système nerveux sur tout l'organisme) et ceux qui le mettent en rapport avec son milieu (jeu des organes des sens, déplacement dans l'espace, etc...). Il s'agit donc là, à la fois, de relations internes et de relations externes. La même chose s'applique à la vie sociale. Ici aussi, on peut et on doit embrasser sous le nom de fonctions de relation : 1° des rapports intérieurs entre membres de la même société, dont ces rapports affirment justement l'unité ; 2° des rapports extérieurs entre cette société considérée comme un tout et les êtres ou les choses dont elle est environnée. Seulement il nous semble opportun de scinder immédiatement les phénomènes sociaux de relation en deux séries, non pas d'après la division que nous venons de dire, mais suivant que la relation considérée dérive de la seule existence de la société, ou qu'au contraire elle suppose en outre l'existence de l'Etat. L'énumération sommaire du contenu de ces deux séries va justifier, nous l'espérons du moins, cette distinction.

Les faits de relation qui n'impliquent que l'existence de la société proprement dite peuvent, croyons-nous, se ranger en quatre groupes : les faits moraux, les faits religieux, les faits intellectuels, les faits esthétiques.

Dans chacun d'eux, on doit le remarquer, figurent à la fois des idées et des pratiques. Les pratiques nous apparaissent comme devant être toujours inspirées par les idées, et logiquement cela doit être vrai. Mais il faut observer que, pendant des siècles, l'humanité n'a pas raisonné ses pratiques ; il y avait sans doute des notions rudimentaires qui les déterminaient, mais elles n'étaient pas tirées au clair, précisées, ni surtout systématisées. La mentalité, même dans ces fonctions de relation, ne s'était pas encore dégagée de la matérialité. Aujourd'hui, elle y est sans doute parvenue, mais ce n'est que chez un nombre restreint d'individus. La plus grande partie de l'humanité continue à ne pas réfléchir sur ses pratiques, à agir, même dans les matières qui exigeraient le plus de réflexion, par pure routine, d'une façon toute mécanique. Dans nos mœurs, nos cultes, nos arts et nos sciences elles-mêmes, ne sommes-nous pas le plus souvent les esclaves de la tradition ?

Les quatre groupes de faits que nous venons d'énumérer trouvent, dans leur nom même, l'indication de leur contenu. Justifions simplement la place que nous leur donnons ici parmi les phénomènes sociaux. Les faits moraux consistent : 1° en pratiques morales, ou mœurs ; 2° en idées et théories morales. Les mœurs sont les rapports courants des individus entre eux, dans la vie collective, en dehors de ce qui est spécial au cercle professionnel et au cercle familial (car ce qui est propre à ces deux cercles constitue les faits économiques ou domestiques). Quant aux idées et théories morales, leur objet essentiel est justement de régler ces mœurs. -- Les faits religieux ont pour rôle d'agrandir encore la société, en établissant des relations entre l'homme et une ou plusieurs puissances supra-sensibles.

La religion crée de la sorte, au moins dans l'esprit des fidèles, une véritable société universelle. Elle aussi comporte à la fois des pratiques (un culte public, un régime individuel) et des idées (dogmes établis, actes de foi personnels). — Les faits intellectuels ont également, d'une certaine manière, pour but de lier l'homme à l'ensemble du monde. Mais ils le font d'une tout autre façon que les phénomènes religieux. Ils ne dérivent pas de la foi, mais de la raison. Ils ne s'inspirent pas (d'ordinaire) de causes surnaturelles, mais se limitent au monde sensible. Ils ne subordonnent pas l'homme à des puissances supérieures ; ils affirment au contraire sa puissance sur les choses et les êtres. Eux consistent essentiellement en idées. Mais ils entraînent aussi pourtant avec eux nombre de pratiques : les procédés d'enseignement pour la diffusion des connaissances acquises, les procédés d'application pour les vérités scientifiques une fois découvertes, constituent ces pratiques si fécondes. — En dernier lieu, l'art a aussi une nature sociale indéniable. Il est né du désir qu'ont eu les hommes d'utiliser le surcroît de forces non dépensé par la lutte pour la vie matérielle ; de se livrer au jeu, c'est-à-dire à un mouvement sans autre but que lui-même ; et de s'y livrer en commun, parce que le spectacle de la joie de tous est pour beaucoup dans la joie de chacun. Cet art s'est exercé d'une façon toute sociale à ses origines : car les danses collectives des primitifs, dont on retrouve encore l'analogue dans les *corrobori* australiens, semblent bien être la source commune d'où ont jailli plus tard, outre la danse proprement dite, la musique, la poésie et le théâtre. De même tous les arts plastiques, architecture, sculpture, peinture, se trouvent dans l'antiquité réunis au service du culte national, la grande force sociale de l'époque. Et si l'on remonte plus haut encore, les remarquables gravures sur roc ou sur ivoire des hommes quaternaires représentent déjà des scènes sociales, des chasses en commun par exemple (1). Social par ses origines, l'art l'est resté à toutes les époques par ses manifestations, dont les plus sincères, les plus émouvantes, ont toujours été celles qui avaient pour but de parler à l'âme d'un peuple entier. Lui aussi, comme les ordres sociaux précédents, comprend à la fois des pratiques et des idées, qui doivent être du reste intimement liées les unes aux autres : car une théorie esthétique ne vaut que par les œuvres qu'elle explique ou qu'elle inspire et réciproquement une œuvre d'art n'est vraiment belle que quand, dans les sons, les couleurs ou les formes, elle réalise une grande ou tout au moins une gracieuse pensée.

Les phénomènes dont il nous reste à parler supposent l'organisation d'un Etat se superposant en quelque sorte à la société pour l'unifier. Ce sont les phénomènes juridiques et politiques. Les premiers sont relatifs à la confection et à l'application des lois et règlements édictés par le pouvoir constitué. A la vérité, ces lois et règlements peuvent n'être pas écrits, mais simplement coutumiers. Seulement alors on peut les dégager de la pratique constante des autorités administratives ou judiciaires qui les appliquent. Leurs dispositions ont donc toujours un caractère, non seulement impératif, mais stable et précis. C'est là justement ce qui définit à nos yeux le phénomène juridique. Sa caractéristique n'est pas dans sa matière, mais dans sa

____

(1) E. Grosse, *Les origines de l'art.*

forme. Il n'a pas de matière qui lui soit propre, car le droit peut avoir pour objet toutes les catégories de faits sociaux : il y a un droit économique, un droit de famille, un droit moral (celui qui impose, sous la sanction de pénalités, le respect de la personne et de l'honneur d'autrui), un droit religieux, un droit protecteur des créations intellectuelles et artistiques, un droit politique. Mais à tous ces objets si variés la loi donne, dès qu'elle s'y applique, une forme déterminée qui leur manquait auparavant : l'exercice des professions, par exemple, ou l'exercice des cultes, deviennent choses rigidement définies quand le droit pénètre dans leur domaine ; l'infinie souplesse et variété qui s'y rencontrait ne persiste plus que hors de la sphère juridiquement réglée. Il ne faudrait pas croire que ce caractère de précision fût commun aux faits juridiques et à d'autres faits sociaux : les faits moraux et les faits religieux, qu'on a rapprochés à ce point de vue des faits juridiques, leur ressemblent bien par la nature impérative des prescriptions qui les dominent, mais n'atteignent point au même degré de détermination rigoureuse. L'essence du droit est donc, nous semble-t-il, qu'il enserre une partie de la vie sociale dans un cadre inflexible, qu'il constitue pour elle comme une sorte d'ossature qui permet aux éléments moins strictement coordonnés d'agir et d'évoluer en liberté sans que l'ensemble soit exposé à se déformer.

En dernier lieu, les phénomènes politiques sont ceux qui ont trait au gouvernement des Etats. On sait que, le plus souvent, la mainmise sur ce gouvernement est l'objet de convoitises très ardentes. Celles-ci entraînent des luttes, qui jusqu'à nos jours se sont faites ordinairement à main armée. Les guerres, soit étrangères (luttes des Etats les uns contre les autres), soit civiles (luttes des partis en armes au sein d'un même Etat), sont donc des phénomènes politiques. La conséquence de ces guerres a été dans l'antiquité et est encore dans une partie du monde la réduction des vaincus en esclavage. Elle a été plus tard et elle reste ailleurs la formation de castes, d'ordres, de classes ayant des droits inégaux, la majeure partie des avantages étant réservée aux uns et la majeure partie des charges pesant sur les autres. L'esclavage, la division du peuple en catégories de cette espèce, sont encore des faits politiques. Quelques sociétés contemporaines ont su heureusement s'affranchir de cette inique organisation ou tout au moins tendent à s'en affranchir. Elles présentent simplement la division du peuple en citoyens et non citoyens, et celle des citoyens en partis plus ou moins rivaux. Peut-être de nouveaux progrès atténueront-ils ces distinctions. En tous cas, ce qu'on trouve partout, c'est que le gouvernement est réservé à un certain nombre seulement des individus composant la société. Mais la façon dont il s'exerce varie à l'infini avec les temps et les lieux. Les principes sur lesquels il repose et la manière dont en fait il se comporte constituent l'objet propre de la science politique.

Voilà donc énumérés les divers groupes de phénomènes sociaux que l'analyse nous paraît devoir distinguer. On trouvera peut-être notre liste incomplète. On pourra nous reprocher de n'y avoir pas compris le langage, qu'Auguste Comte classait parmi les bases sociales, et la pensée elle-même, qui est impliquée, nous l'avons reconnu, dans tous les faits sociaux. Mais c'est que pour nous le langage et la pensée sont

des faits de nature mixte, qui ne sont sociaux que
pour partie, qui sont plus exactement bio-sociaux. Car
ils dépendent à peu près autant de la conformation et
de la vie individuelles, que de la structure et de l'existence sociales. Ils sont en effet le produit immédiat du
jeu des facultés de chaque personne, bien que, à coup
sûr, la pensée n'ait pu devenir ce qu'elle est que par
l'échange des idées entre hommes, et que le langage
ne se soit constitué que pour permettre cet échange.
Ils sont l'instrument nécessaire de tous les phénomènes
sociaux, lesquels seraient impossibles sans eux, plutôt
qu'ils ne se classent parmi ces derniers. Il paraît donc
rationnel de leur faire une place à part, à la base sans
doute de la série des faits sociaux, mais en dehors de
celle-ci, à mi-chemin d'elle et de la série inférieure,
celle des faits biologiques.

On peut maintenant saisir en quoi notre classification,
quelque analogie qu'elle présente avec celle de M. Guillaume De Greef, s'en différencie. Nous ne divisons pas
tous les faits sociaux en sept groupes, mais en trois,
(faits de nutrition, de reproduction et de relation),
dont le dernier est double (relations qui n'impliquent pas et relations qui impliquent l'existence
de l'Etat) ; puis, les deux séries du troisième groupe
sont encore fragmentées par nous, l'une en quatre
sections, l'autre en deux. Nous ne considérons pas
la religion et la science comme un même ordre de
faits à deux périodes différentes de son développement,
mais bien comme deux ordres de faits différents. Nous
ne voyons pas pourquoi les faits esthétiques seraient
antérieurs aux faits moraux, religieux, scientifiques.
D'une façon plus générale, nous ne cherchons pas à
établir un rapport d'ancienneté, de prépondérance, de

hiérarchie entre les divers ordres de faits sociaux. On verra mieux au chapitre suivant pourquoi nous ne croyons pas devoir le faire. C'est, disons-le immédiatement d'un mot, qu'au fond ces ordres sont pour nous moins différents qu'ils ne paraissent, que peut-être même ils se réduisent à l'unité.

Maintenant aussi nous pouvons justifier notre précédente affirmation, que notre classification des faits sociaux n'a point de lien particulier avec la théorie organique de la société. Il est vrai qu'elle prend pour base la division des fonctions organiques ; mais il ne s'agit là que des fonctions de la vie individuelle. On peut concevoir la société comme un vaste organisme, ayant ses fonctions à lui. Mais, qu'on le croie ou non, il est certain qu'elle est composée d'individus, lesquels sont, eux, des organismes, doués des trois grandes fonctions de nutrition, de reproduction et de relation ; il est certain encore que la vie sociale a pour rôle de permettre l'exercice et l'expansion de ces fonctions individuelles, et qu'ainsi les faits qui la caractérisent doivent s'expliquer par cet exercice et cette expansion. Nous n'avons point dit autre chose. — Pour bien apprécier la différence de ce que nous avons indiqué avec ce qui résulterait de l'application de vues spécialement organicistes, il suffit de considérer le problème des fonctions de reproduction. Pour un organiciste pur, ces fonctions consisteraient dans des faits de reproduction sociale, c'est-à-dire dans des faits de création de sociétés nouvelles. Il faudrait donc, sous cette rubrique, étudier la colonisation, la fusion de deux sociétés par conquête ou par alliance, la division d'une société en deux à la suite d'une crise intérieure, etc... Or ce n'est point là ce que nous avons fait. Nous avons examiné les faits de reproduction individuelle, c'est-à-dire la genèse de nouveaux êtres humains, seulement en indiquant quelles circonstances sociales la préparent, l'accompagnent et la suivent. Nos explications n'ont donc en rien présupposé la nature organique du tout social. Au contraire, nous avons toujours raisonné, au cours de ce chapitre, comme si, dans la société, il n'y avait d'autres organismes à considérer que ceux qui constituent les êtres humains individuels. La classification des faits sociaux que nous venons de présenter n'est point dérivée, par conséquent, de la théorie organiciste. On pourrait admettre celle-là lors même qu'on rejetterait celle-ci. Indépendantes l'une de l'autre dans leur formation et dans leur principe, elles n'ont point nécessairement même valeur ni même portée.

III

Les indications que nous venons de donner nous permettent de revenir plus utilement sur un point qui n'avait pu être précédemment qu'effleuré : celui des groupements professionnels (1). En effet, ces groupements sont déterminés par la nature de l'activité principale exercée par les membres de chacun d'eux. Dans la société, tout être humain, ou tout au moins tout être adulte et valide, a son rôle utile à remplir. Les enfants doivent être élevés, les vieillards très âgés, les per-

____

(1) Chapitre IV, § I.

sonnes gravement malades, les infirmes doivent être
soignés, sans qu'on leur demande aucun service en
échange. Mais tous les autres individus ont leur tâche
marquée dans l'œuvre collective. En principe, chacun
a une fonction principale, dans laquelle son activité
s'exerce au profit de ses semblables. Suivant les affinités de leurs fonctions, les hommes peuvent être répartis en groupes, auxquels on donnera correctement le
nom d'organes sociaux. Ces groupes sont naturellement plus restreints ou plus étendus, suivant qu'on veut
y comprendre seulement ceux qui exercent strictement
le même métier, ou au contraire tous ceux qui se livrent
à des métiers plus ou moins connexes les uns aux autres. Les groupes de la première espèce sont compris
dans ceux de la seconde, et l'on pourrait établir une
dizaine peut-être d'échelons dans cette gradation de
collectivités englobées les unes dans les autres (1).
Mais nous nous en tiendrons ici aux ensembles les plus
généraux, nous bornant à montrer leur relation avec
les fonctions plus haut définies.

A la fonction de nutrition correspondent les organes
dont le jeu assure la vie économique de la société.
Nous avons vu que celle-ci comprend quatre phénomènes caractéristiques : production, circulation, ré-

(1) Ainsi dans le groupe des transports, on distinguera les
transports par terre et par eau ; dans les premiers, les transports
par chemins de fer, par diligences, par bêtes de somme ; les chemins de fer sont chemins d'Etat ou chemins des compagnies,
les employés des premiers ayant seuls le caractère de fonctionnaires ; parmi ceux-ci, on distingue des fonctionnaires supérieurs
et subalternes ; au nombre des premiers sont les directeurs, les
ingénieurs, les inspecteurs : les ingénieurs se divisent en ingénieurs de la voie, de la traction, du matériel roulant ; dans chacun de ces groupes, on pourra encore distinguer suivant la pro-
venance, le rang, le traitement, etc...

partition, consommation. La production s'exerce par le moyen de deux opérations, l'agriculture et l'industrie. Dans l'agriculture il y a des propriétaires faisant valoir, des régisseurs, des fermiers, des métayers, des ouvriers agricoles. Dans l'industrie, on trouve des patrons, des ouvriers, des apprentis, et aussi, dans les grandes entreprises, des contre-maîtres, des employés, des ingénieurs, voire des directeurs salariés. — La circulation s'effectue au moyen du commerce, des transports, des opérations de banque et de bourse (ces dernières constituant la circulation fiduciaire). De nombreuses catégories de personnes sont attachées aux premiers et aux secondes. — La répartition s'opère entre tous les travailleurs des précédentes catégories, mais aussi entre eux et un groupe particulier, celui des rentiers dont les capitaux ont été mis au service de la production. — Enfin la consommation n'est le fait d'aucune collectivité spéciale ; tous les individus qui composent la nation y participent.

Les faits domestiques et familiaux intéressent aussi, en un sens, tous les membres de la société. Quel est, du reste, l'ordre de faits sociaux qui, indirectement tout au moins, ne les intéresse pas tous ? Mais il y a des agents particuliers, qui sont préposés à l'accomplissement de ces faits. Le rôle normal des femmes est d'être, en effet, les agents de la vie familiale. Nous n'entendons aucunement blâmer par là celles qui se consacrent à des professions économiques ou intellectuelles. C'est d'ordinaire sous la pression de la nécessité qu'elles s'y adonnent. Mais il est permis de penser que la vraie place des femmes est au foyer domestique. D'ailleurs, celles mêmes qui en sont éloignées une partie de la journée par d'autres tâches trouvent encore moyen d'y revenir pour accomplir là leur fonction propre, l'éducation des enfants, la préparation du confort familial, les soins à donner aux malades et aux vieillards. Dans l'histoire de l'humanité, la femme apparaît trop souvent comme chargée de tâches multiples et écrasantes. Mais cette besogne-là ne lui a nulle part été refusée.

Restent les fonctions de relation. Les premières, celles qui ne supposent pas l'existence de l'Etat, ont pour agents les moralistes, les prêtres, les savants, les lettrés, les artistes, les professeurs, les techniciens, les publicistes. Les secondes, celles qui impliquent cette existence, ont pour agents les légistes, les administrateurs, les hommes politiques, les diplomates, les officiers des armées de terre et de mer. Naturellement, ces dirigeants ont sous leurs ordres un personnel très nombreux, qui fait partie, quoique à un autre titre, des mêmes grands organes qu'eux-mêmes.

A coup sûr, la liste que nous venons de donner ne saurait prétendre à être complète. On peut nous dire, par exemple : où placez-vous les marins ? où placez-vous les colons ? Nous répondrons que, suivant nos principes, il faut distinguer : une marine de pêche, liée à la fonction de production ; une marine de commerce, liée à la fonction de circulation ; une marine de plaisance, dont le principe est du genre des faits esthétiques ; une marine de guerre, qui se justifie par des nécessités politiques. De même, les colons seront, ou des agriculteurs, ou des industriels, ou des commerçants, ou des prêtres, ou des fonctionnaires, ou des soldats, etc... Il semble que pareillement on pourrait faire rentrer dans nos cadres toutes les unités sociales différentes.

Il ne faudrait pas oublier, d'un autre côté, que tous

ces groupes ont d'incessants contacts et de véritables
entre-croisements. Ainsi un maître-imprimeur est un
négociant ; mais ce peut être aussi, en son genre, un
artiste ; et le travail qu'il exécute est nécessaire à
l'exercice des fonctions intellectuelles les plus hautes.
Ainsi encore l'armée est un organe de l'ordre politique, bien entendu au sens large et philosophique de
ce mot, tel qu'il vient d'être défini, non au sens des
polémiques courantes ; cela n'empêche pas qu'elle ait
ses ouvriers, ses fournisseurs commerciaux, ses
payeurs, ses aumôniers, ses professeurs, et même ses
musiciens. Il y a ainsi un enchevêtrement permanent de
tous les organes sociaux, qui contribue à maintenir
pour sa part l'unité de leur ensemble.

Enfin l'on ne saurait oublier que, s'il est bon que
chaque homme exerce une profession déterminée, pour
qu'il y acquière par l'usage une haute habileté et soit
apte ainsi à rendre à ce titre le maximum de services
à la collectivité, il est nécessaire en revanche qu'il n'y
soit pas spécialisé au point d'y être strictement confiné. Il faut au contraire que chacun ait « des clartés
de tout », qu'il participe de la façon la plus large possible, au moins par l'esprit, à ce qui se fait autour de lui,
à la grande œuvre collective de sa patrie et de l'humanité. Il y a droit comme individu, car l'achèvement
de sa personnalité est à ce prix. Il y a droit aussi
comme membre de la nation, car l'accomplissement de
sa tâche professionnelle sera d'autant meilleur qu'il
sera lui-même un être plus éclairé et plus parfait. Tout
système social pratique doit s'efforcer de faire leur
juste part à ces deux nécessités égales et nullement
contradictoires : celle de la compétence à donner aux

agents sociaux par leur spécialisation, et celle du maintien et du développement en tous les individus de l'ensemble des facultés primordiales qui font au genre humain une place à part dans la nature.

CHAPITRE VII

CORRÉLATION DES FAITS SOCIAUX

I. *Théories sur le lien des faits sociaux.* — II. *Le matérialisme historique.* — III. *Critique du matérialisme historique.* — IV. *L'intellectualisme historique.* — V. *Unité des faits sociaux.*

I

Dès le moment où les premières esquisses des sciences sociales ont été tracées, on a senti qu'il existait entre les divers ordres de faits sociaux une corrélation. Aussi de nombreux chercheurs se sont-ils efforcés de les ramener à l'unité, en affirmant que tel ou tel d'entre eux était prépondérant, donnait l'impulsion et faisait la loi à tous les autres. Ce rôle capital a été attribué tour à tour à chacun, ou peu s'en faut, des ordres que nous avons énumérés. Pour Aristote, et encore pour Montesquieu, c'est l'ordre politique qui l'emporte : les sociétés sont classées d'après les types de gouvernement qu'elles ont adoptés. Les écrivains ecclésiastiques divisent volontiers les peuples d'après leurs religions, en fétichistes, polythéistes, monothéistes non chrétiens, chrétiens des diverses confessions. Un auteur contemporain, M. R. Ardigo, définit la société « l'organisation de la justice », mettant ainsi au premier plan les phénomènes de l'ordre juridique. Les idées morales, voire même les conceptions esthétiques, ont été plus d'une fois proposées comme critères pour différencier et hiérarchiser les peuples. La constitution familiale est considérée par Le Play comme le fait caractéristique de tout l'état social. Mais c'est surtout l'organisation économique d'une part, l'organisation intellectuelle de l'autre, qui ont paru décisives au plus grand nombre des sociologues. Nous allons avoir à exposer ces deux thèses et à les juger. Les raisons pour lesquelles nous les trouvons l'une et l'autre insuffisantes valent d'ailleurs aussi contre les diverses théories unilatérales, dont les principes viennent d'être rappelés. Elles pèchent toutes par étroitesse, et chacune d'elles peut servir de réfutation aux autres, en montrant l'importance de ce qu'elles oublient. Mais elles s'accordent toutes sur un point : la croyance en un principe unificateur de tous les phénomènes sociaux. Cet accord constitue une assez forte présomption en faveur de l'exactitude de ce principe. Nous verrons, en terminant, s'il doit être retenu et en quel sens il peut être légitimement admis.

II

La théorie qui affirme la prédominance du fait économique sur tous les autres faits sociaux a pris succes-

sivement les formes les plus variées. Dès le XVIII° siècle, elle s'esquissait chez les auteurs qui, essayant de
décrire les étapes successives de l'humanité, soute-
naient que tous les peuples avaient été tour à tour
chasseurs, pasteurs et agriculteurs. Des corrections à
cette vue ont été apportées par les écrivains modernes,
qui ont reconnu qu'on ne pouvait parler d'un type unique d'évolution ; mais, en en reconnaissant plusieurs,
ils les plaçaient encore tous sous l'influence prédomi-
nante des milieux physiques où ces types avaient dû se
développer et des genres de travaux auxquels les divers
peuples avaient dû demander principalement leur subsistance. C'est ainsi que se sont constituées la théorie
de M. Gumplowicz et la théorie de M. Demolins, que
nous avons précédemment analysées (1). Un autre
sociologue contemporain, M. Ernst Grosse, s'est attaché,
avec un grand savoir, à montrer l'action spécifique des
nécessités économiques sur les formes de la vie familiale (2).

Mais c'est surtout Karl Marx qui a donné à cette
théorie sa réputation. Le célèbre auteur du *Capital*
avait écrit : « Le mode de production de la vie matérielle domine en général le développement de la vie
sociale, politique et intellectuelle (3). » Ce principe,
simplement posé par Marx, a été développé par ses
disciples. Certains de ceux-ci ont prétendu l'appliquer
à l'explication de la totalité de l'histoire. Une nombreuse
littérature, plus pleine jusqu'à présent de discussions

(1) Chapitre IV, § II.
(2) *Die Formen der Familie und die Formen der Wirth-
schaft.*
(3) *Le Capital*, traduction française par Roy, p. 32, colonne 2
note 1.

que de faits, s'est constituée à ce sujet (1). Un périodique spécial, qui du reste n'a pu survivre, *Le Devenir social*, s'était même créé (2) pour représenter le principe marxiste. On donne à cette théorie les noms variés de matérialisme historique, parce qu'elle voit dans l'évolution humaine le résultat du développement d'un facteur matériel; de matérialisme économique, en raison de ce que ce facteur est l'objet ordinaire des études des économistes ; de déterminisme économique, étant donné qu'il déterminerait la constitution des autres faits sociaux ; de monisme économique, puisqu'il les réduirait à l'unité. Nous emploierons de préférence la première de ces expressions.

La théorie du matérialisme historique comporte deux propositions logiquement distinctes. Suivant la première, les faits économiques déterminent les autres faits sociaux. Suivant la seconde, la constitution de l'outillage de la production est, parmi tous les faits économiques, celui qui est prédominant. La première de ces propositions se démontre comme suit. Le besoin initial, pour chacun des membres de la société, est d'entretenir sa vie matérielle. Donc c'est à la satisfaction

______

(1) Antonio Labriola, *Essais sur la conception matérialiste de l'histoire.* — N. Karéiev, *Le matérialisme historique* (deux études en langue russe). —T. G. Mazaryk, *Die philosophischen und sociologischen Grundlagen des Marxismus.* —Des discussion ont eu lieu sur cette théorie, notamment à la Société de Sociologie de Paris, en avril-mai-juin 1900 (*Revue Internationale de Sociologie*, 1900, n° 5, 6 et 7), et à l'Institut International de Sociologie, qui lui a consacré la majeure partie de son quatrième congrès, tenu à la Sorbonne en septembre 1900 (*Annales de l'Institut International de Sociologie*, tome VIII). Un exposé synthétique de M. Casimir de Kelles-Krauz ouvre ce dernier volume et y donne l'ensemble de la théorie sous sa forme actuelle.

(2) A Paris, sous la direction de M. Alfred Bonnet.

de ce besoin qu'il tendra d'abord. Toutes ses démarches
ultérieures seront subordonnées à celle-là. Toutes vien-
dront s'appuyer sur elle et y prendre leur base. Et
toutes, par suite, en porteront la marque. L'examen des
divers ordres de faits non économiques le confirme.
S'agit-il de la vie familiale ? Les formes du mariage
dépendent de considérations économiques : la polyga-
mie est pratiquée par les hommes auxquels leurs
moyens permettent d'avoir de multiples épouses ; la
polyandrie se développe au contraire là où la pauvreté
de l'habitat a forcé les familles à réduire leur progéni-
ture par l'infanticide des filles ; la monogamie règne
dans les pays où existent, pour la femme et pour
l'homme, des moyens de subsistance à peu près égaux.
De même l'âge de l'union conjugale, les liaisons extra-
légales, le nombre des enfants, le degré et la durée de
l'éducation qu'ils reçoivent, sont fort influencés par des
mobiles pécuniaires. S'agit-il de la vie morale et mentale ? La constitution de la propriété privée a fait naître toute une série de devoirs, qui se ramènent au respect des biens d'autrui. La religion elle-même a toujours eu son but utilitaire : gagner la faveur des dieux
ou du dieu unique pour obtenir de lui succès et fortune.
La science a commencé par des observations faites
dans l'exercice des professions nécessaires à la vie
matérielle et aujourd'hui encore elle est appréciée du
plus grand nombre surtout pour ses applications pratiques. Les beaux-arts enfin sont un luxe, mais un luxe
dont l'entretien n'est permis qu'aux riches, lesquels y
voient le moyen d'affirmer leur supériorité. S'agit-il
enfin de la vie juridique et politique ? Le droit n'est fait
que pour les classes possédantes. Les codes civils de
toutes les nations ne se soucient que de protéger les

biens. Le respect des individus ne leur importe qu'à un bien moindre degré. Pour le constater, il suffit de voir quelle place restreinte occupent dans leurs articles les règles constitutives de l'état des personnes (1). Quant à la politique, c'est l'organisation de la domination de tous par un petit nombre, de l'oppression de la masse par quelques privilégiés, de l'exploitation des faibles par les forts ou les habiles (2).

En un mot, dans tous ces phénomènes, interviennent le fait de la division de la société en classes, fondées sur l'inégale répartition des richesses, et le fait de la lutte de ces classes entre elles, en vue de l'accroissement ou de la suppression des inégalités économiques. Mais, même si l'on fait abstraction de l'existence des classes, il y a encore, d'après le matérialisme historique, prédominance nécessaire de la fonction économique sur toutes les autres fonctions sociales. Celles-ci, en effet, ont besoin, pour s'exercer, d'un abondant matériel. La religion a ses pompes ; la science, ses instruments ; les beaux-arts, leurs substances plastiques. Le droit requiert des tribunaux et des prisons ; la politique a à son service des armes et des navires de guerre. Qui constituera tout cela, si ce n'est le travail ? Il faut donc une production économique intense pour que tous ces ordres de faits deviennent possibles. Et leur existence dépend, en fin de compte, de la possession, par la société, d'un suffisant outillage aux mains d'ouvriers aptes à s'en servir et ayant le loisir, l'obligation ou la volonté intéressée de le manier.

(1) Anton Menger, *Das bürgerliche Recht und die besitzlosen Volksklassen.*

(2) Gabriel Deville, *Principes socialistes.* — Jules Guesde, *Etat, morale et politique de classe.*

Ceci nous conduit à la seconde proposition du matérialisme historique. Dans la phrase de Karl Marx qui le résume, on voit que l'outillage productif est mis au premier plan. Pour cet auteur, donc, toute la vie économique et par elle toute la vie sociale sont conditionnées par le matériel dont disposent les producteurs. Si elle est si réduite aux temps primitifs, si intense aujourd'hui, c'est parce que ce matériel, rudimentaire à l'origine, a acquis de notre temps une incomparable puissance. Tous les changements qui se produisent en lui ont une action extraordinaire sur le reste du monde social. Ainsi, le XIXe siècle a vu, dans l'industrie, se substituer, aux machines mûes par les bras de l'homme, des machines mûes par les forces des éléments, la vapeur et l'électricité. Il en est d'abord résulté un accroissement prodigieux des richesses produites. Mais d'autre part un nombre considérable d'ouvriers est devenu inutile ; la conséquence en a été le chômage, au moins intermittent, la gène, la « prolétarisation » du plus grand nom bre ; d'autant que les patrons ont profité de l'existence de ces chômeurs, qui demandent à être embauchés, de cette « armée de réserve » du travail, pour diminuer les salaires des ouvriers qu'ils gardaient. En même temps, l'emploi des moteurs mécaniques permettait, nécessitait même la concentration de l'industrie ; elle amenait la substitution, aux petits ateliers patronaux d'autrefois, de vastes usines ; celles-ci supposant de grands capitaux, il fallait, pour les réunir, créer des sociétés anonymes. L'écart allait ainsi grandissant entre le patron et l'ouvrier. Au lieu qu'on vît, comme jadis, cinq ou six compagnons groupés autour d'un maître souvent sorti de leurs rangs et partageant leur existence, on trouve désormais, dans la grande indus-

trie, d'un côté des milliers d'ouvriers qui n'ont pas l'espérance de s'élever à une autre condition, de l'autre
quelques centaines de capitalistes qui ignorent presque
tout de l'usine, la font gérer par des techniciens à leurs
gages et, ne voyant jamais les travailleurs, se désinté-
ressent de leur sort. Cet état de choses a eu les plus
importantes répercussions sur les divers ordres de
faits sociaux. Il a désagrégé la famille ouvrière ; tous
ses membres — les femmes et les enfants, aussi bien
que le père — doivent maintenant travailler pour vivre,
le salaire réduit de l'adulte employé dans une usine ne
suffisant pas à les nourrir tous ; ils sont hors du foyer
presque tout le jour ; ils travaillent souvent pour des
patrons différents ; ils ne se voient que le soir et le
dimanche ; l'ancienne unité domestique se trouve, de
ce fait, presque complètement rompue. La mentalité
de la classe ouvrière est aussi profondément transfor-
mée : chez elle se développe la solidarité de classe,
mais aussi la haine de l'employeur ; l'irréligion la gagne presque tout entière ; l'instruction y grandit, mais
surtout l'instruction par le journal plus ou moins révo-
lutionnaire. Puis, des faits politiques considérables
apparaissent : sous l'action de quelques lettrés, les ouvriers apprennent à se grouper en parti politique pour
améliorer leur condition ; les diverses fractions du socialisme se constituent ; dans la lutte électorale, elles
emportent des sièges aux Parlements ; sous leur pression, ces assemblées votent des lois dites ouvrières,
pour restreindre la durée du travail, garantir l'hygiène
et la sécurité des travailleurs, leur assurer le paiement
et le libre emploi de leurs salaires, fonder pour eux
des caisses d'assurances contre les accidents, la maladie, l'invalidité, le chômage. Tous ces problèmes pren-

nent dans notre vie sociale contemporaine une importance chaque jour croissante, au point que nul homme ne saurait plus s'en désintéresser. Et tous ces grands faits nouveaux dérivent, en fin de compte, d'un simple changement dans l'outillage économique, du remplacement de la force humaine par les forces élémentaires dans l'industrie. N'est-il pas démontré dès lors que c'est de la nature de cet outillage que toute la vie sociale dépend ?

III

Nous ne contestons pas le bien fondé des raisonnements qui précèdent. Nous nous sommes même efforcé, en les exposant, de présenter la doctrine du matérialisme historique dans toute sa force, en choisissant parmi tous ses arguments ceux qui sont les plus topiques. Mais nous devons dire que tous ne valent pas ceux-là. Cette doctrine est souvent poussée à l'extrême par ses partisans et elle tombe alors dans des exagérations choquantes. Il en est ainsi, par exemple, lorsqu'elle veut expliquer l'évolution de la musique par l'influence des considérations économiques. Sans entrer dans des discussions de détail, qui ne sont pas à leur place ici, nous dirons seulement qu'il y a, à notre sens, les plus sérieuses réserves à faire sur les deux propositions capitales de cette doctrine, et ce sont les suivantes.

D'abord, la nature de l'outillage ne détermine pas toute la vie sociale, car elle ne détermine même pas toute la vie économique. Deux auteurs contemporains de grand mérite, qui ont subi l'influence de Karl Marx, se sont séparés de lui sur ce point capital : nous voulons parler de MM. Guillaume De Greef et Achille Loria. Tous les deux mettent les faits économiques à la base de l'ensemble social, mais dans l'organisation économique ils n'attribuent pas à l'outillage une place privilégiée. M. De Greef réserve celle-ci, nous l'avons vu (1), à la circulation. M. Loria la donne au régime de la propriété, notamment de la propriété foncière, en insistant surtout sur le point de savoir s'il reste ou non des terres libres pour ceux qui veulent les occuper (2), ce en quoi il paraît se rapprocher fort des doctrines de l'Américain Henry George (3). Reprenant la question pour notre propre compte, nous dirons que parmi les éléments économiques, c'est tantôt l'un, tantôt l'autre, suivant les circonstances, qui prédomine et qui donne l'impulsion. Parfois ce fut l'élément production, et l'outillage joua alors un rôle capital. Parfois ce fut l'élément circulation, et nous savons quelle portée immense a eue l'élargissement des marchés. Parfois ce fut l'élément répartition, aux heures où la question de la propriété des terres se posa avec acuité. Parfois enfin ce fut la consommation : car les goûts et les caprices de la mode, c'est-à-dire des consommateurs, sont pour beaucoup dans la marche de la vie économique, surtout dans les temps modernes. D'autre part, l'outillage ne s'explique pas par lui-même : il suppose

(1) Chap. VI, § I et II.
(2) *Analisi della proprietà capitalista*, etc...
(3) *Progress and poverty.*

un public en vue de qui il fonctionnera, et il suppose des inventions qui l'ont fait ce qu'il est. Il n'est donc qu'une conséquence de la vie sociale, il n'en saurait être le moteur primordial.

Et maintenant l'ensemble des faits économiques, considéré comme une unité, joue-t-il nécessairement ce rôle dominateur auquel l'outillage seul ne saurait prétendre ? Nous nous plaisons à reconnaître sa très haute signification sociale, nous avouons qu'il influe grandement sur tous les autres ordres de phénomènes sociaux. Mais il n'est que juste de signaler trois points. D'abord ceux-ci ont, par rapport à lui, une indépendance au moins relative. Ils ont, par exemple, leurs lois d'évolution propres, qui ne relèvent pas de lui. Ainsi la succession des doctrines philosophiques, ou celle des découvertes mathématiques, n'est que lointainement influencée par les transformations économiques ; elle se déroule sous des actions tout intérieures, par le processus logique de l'enchaînement et du progrès des concepts. — En second lieu, ces divers ordres de phénomènes sociaux, s'ils subissent à plusieurs égards l'influence de l'ordre économique, exercent à leur tour sur lui des réactions. La vie économique tout entière est, dans un pays, singulièrement facilitée par le libéralisme de son régime politique, par l'équité de son droit. La religion peut l'entraver, comme on l'a vu au moyen âge, où la prohibition canonique du prêt à intérêt arrêtait toute circulation. La science la favorise, en permettant la découverte de nouvelles machines, l'établissement de moyens de transport perfectionnés. Les mœurs tantôt aident et tantôt gênent son expansion. Ces réactions ne prouvent-elles pas qu'il y a un principe de vitalité propre dans ces divers ordres de phénomènes, puisqu'ils influent sur l'ordre économique ? — Enfin, même dans son essence, ce dernier ne doit point apparaître comme antérieur à eux. On dit bien quelquefois qu'il représente la satisfaction de besoins biologiques, existant avant tous les besoins sociaux. Mais cette proposition est le résultat d'une confusion. Les autres ordres aussi ont pour rôle de satisfaire des besoins biologiques, de reproduction ou de relation, tout aussi naturels que le besoin biologique de nutrition. Et l'ordre économique ne renferme point de phénomènes purement organiques, mais bien des phénomènes déjà sociaux. La vie économique en effet exige le concours d'une multiplicité d'individus ; elle implique, chez eux, des représentations communes, et, de leur part, l'usage du langage articulé. Elle s'opère au travers de la vie familiale ou inter-familiale ; elle suppose des mœurs plus ou moins policées, une certaine science plus ou moins avancée, et d'ordinaire, un certain droit social. Elle est donc, dès le principe, pénétrée d'éléments qui relèvent des autres ordres sociaux. Elle ne saurait dès lors les expliquer tous puisque, pour partie, elle est elle-même issue d'eux.

IV

Directement à l'opposé de la théorie du matérialisme historique, on en trouve une autre, qui n'a point reçu de nom spécial jusqu'à présent, à notre connaissance du moins, mais que l'on pourrait appeler, par une antithèse justifiée, la théorie de l'intellectualisme historique. C'est celle en vertu de laquelle la vie sociale est caractérisée essentiellement par les phénomènes intellectuels, lesquels commandent tous les autres ordres de faits sociaux. Elle est représentée, éminemment, par Auguste Comte. Selon cet illustre penseur, les croyances d'un peuple et ses conceptions générales sur l'univers sont ce qu'il y a de plus important à considérer en lui. Suivant la forme qu'elles affectent, on peut juger de toute sa civilisation. Trois grands états sociaux doivent être distingués : l'état théologique, subdivisé lui-même en fétichisme, polythéisme et monothéisme ; l'état métaphysique ; l'état scientifique ou positif. Dans le premier, prédominent les prêtres ; dans le second, les jurisconsultes ; dans le troisième, les industriels. La civilisation occidentale a passé par ces trois états qui, pour elle, représentent trois âges successifs. Mais les civilisations orientales en sont encore au premier d'entre eux, et même quelques-unes à ses stades inférieurs.

Beaucoup d'auteurs admettent, plus ou moins consciemment, les mêmes principes. Ceux-ci paraissent même avoir reçu une importante confirmation du fait des recherches historiques récentes. Depuis Fustel de Coulanges, on voit volontiers dans la religion primitive l'inspiratrice du droit et des mœurs des peuples aryens ; on lui avait toujours attribué ce rôle chez les peuples sémitiques. D'autre part, l'archéologie a révélé l'influence considérable qu'elle a eue sur les beaux-arts et sur les arts utiles. On sait de reste l'action qu'elle exerçait sur la politique. C'est dire que dans l'antiquité elle dominait tout. Or de nos jours la science semble bien lui avoir enlevé ce rôle, rénovant peu à peu l'industrie et l'agriculture, les transports et la colonisation, inspirant un art nouveau, visant à instituer une morale, forçant la religion même à présenter de nouvelles interprétations de ses dogmes, mettant la main jusque sur la politique. N'est-ce pas la démonstration de la doctrine d'Auguste Comte ?

Il y a pourtant, croyons-nous, fort à en rabattre. Il n'est pas sûr que la religion ait eu dans l'antiquité toute la place qu'on lui attribue. Les spécialistes du droit romain protestent presque tous contre l'idée qu'il soit d'origine sacerdotale ; sa laïcité est affirmée par les plus éminents d'entre eux. L'archéologie révèle, en Grèce et en Égypte même, dans les produits les plus anciens de l'art, mille préoccupations exclusivement utilitaires. Et, si l'on remonte jusqu'à l'art préhistorique, rien, au dire d'un de ses interprètes très autorisés, ne permet d'y voir la trace d'une conception religieuse (1). De nos jours pareillement, croit-on sincèrement que la science soit arrivée à gouverner le monde ? Est-ce que le Parlement, est-ce que la Bourse, est-ce que le théâtre, est-ce que la mode lui obéissent ? Nous souhaiterions certes voir son empire se généraliser. Mais cela même établit qu'il est moins étendu que certains ne le croient.

Ce n'est donc pas « l'intelligence » religieuse, métaphysique ou scientifique, qui mène à elle seule le monde. N'avons-nous pas dit pourtant que tout fait social est imprégné de mentalité (2) ? Oui, sans doute, et nous le répétons encore. Les actes collectifs, même

(1) Ernest Grosse, *Les origines de l'art.*
(2) Chapitre v, § III.

les plus matériels en apparence, ne se produisent que
sous l'inspiration d'une pensée. Seulement, cette pensée
est loin d'être toujours une pensée religieuse ou scientifique. Elle ne l'est même que par exception. Car il y
a aussi des pensées économiques, le désir du mieux-
être par exemple ; des pensées familiales, comme l'ins-
tinct de la conservation de l'espèce ; des pensées morales, telles que l'idée de solidarité nationale ou
humaine ; des pensées esthétiques, l'aspiration à l'idéal ;
des pensées juridiques, la volonté de faire régner l'ordre ; des pensées politiques, l'ambition du pouvoir.
Toutes celles-là aussi aspirent à mener le monde et
concourent en effet à le guider. Or aucune d'elles ne se
résout en une idée purement intellectuelle. La mentalité humaine a de nombreuses fins qui ne sont ni religieuses ni scientifiques. La religion et la science ne
sauraient donc à elles seules donner l'explication de
toute l'histoire sociale.

V

Que conclure de tout cela ? Les diverses théories
qui prétendent établir la prédominance d'une des fonctions sociales sur les autres ont successivement échoué.
On est assez naturellement conduit à admettre, dès lors,
que ces diverses fonctions sont irréductibles entre elles
et que toutes ont une égale importance et une égale
valeur. S'il en était ainsi, il suffirait de les avoir énu-

mérées et distinguées, comme nous l'avons fait. Tout au plus pourrait-on ajouter qu'il existe vraisemblablement pour elles une série logique, partant des faits bio-sociaux pour conduire des faits économiques aux faits familiaux, de ceux-ci aux faits moraux, religieux, intellectuels et esthétiques, de ces derniers aux faits juridiques et politiques, et indiquant approximativement l'ordre ascendant suivant lequel les uns agissent sur les autres et par voie d'inversion l'ordre descendant suivant lequel les derniers réagissent sur les premiers.

La prudence conseillerait peut-être de s'arrêter là. Mais, à notre tour, nous ne saurions nous empêcher de hasarder une hypothèse personnelle. Il nous semble que toutes ces distinctions entre les ordres sociaux n'ont, en vérité, qu'une valeur subjective. Dans la réalité, les faits sociaux ne sont jamais uniquement économiques, ou uniquement domestiques, ou uniquement moraux, ou uniquement religienx, etc... Ils sont toujours un peu tout cela à la fois. Nous en donnerons comme preuve l'exemple, que nous avons déjà cité, de la crise lainière de Roubaix (1). Dans cet événement, au premier abord purement économique, on voit impliqués des phénomènes familiaux, moraux, religieux, scientifiques, esthétiques, juridiques, politiques. A les bien regarder, tous les éléments sociaux sont dans ce cas. Ils ont donc tous des faces multiples. Or notre esprit est limité. Nous n'apercevons, par suite, qu'une seule de ces faces à la fois. Nous faisons sans le savoir l'analyse de cet évènement complexe en voyant en lui ses divers aspects successivement. Ce n'est qu'ultérieurement que nous

____

(1) Chapitre v, § II.

pouvons être en mesure de faire sa synthèse en rapprochant ces multiples constatations d'abord dissociées. C'est donc notre esprit qui introduit, à vrai dire, la diversité dans ce qui objectivement possède l'unité. C'est lui qui distingue des faits économiques, familiaux, moraux, etc... là où n'existent, au fond, que des faits sociaux. Les fonctions sociales ne sont donc pas seulement interdépendantes. Elles sont, à dire vrai, une seule et même fonction. Tel est du moins notre sentiment. Mais nous avouons qu'en ces délicates matières il est bien difficile de saisir le fond des choses. Est-ce, vraiment, la réalité sociale qui est une et l'esprit qui la fragmente ? Ou ne serait-ce pas plutôt cette réalité qui serait multiple et l'esprit qui aurait une tendance invincible à l'unifier arbitrairement ? Cette dernière hypothèse est sans doute soutenable ; mais nous croyons que la première doit lui être préférée.

CHAPITRE VIII

L'ÉVOLUTION DE LA SOCIÉTÉ

I. *Ce qui change dans la société.* — II. *Comment se
font les changements sociaux.* — III. *Différence
entre l'évolution et le progrès.*

I

Les sociétés humaines subissent d'incessantes transformations. Le fait est reconnu par tous. Aussi est-il
bien inutile de s'attarder à en démontrer la réalité. Ce
fait est même l'un de ceux que l'on a le plus utilement
invoqués à l'appui de la comparaison entre les sociétés
et les organismes. Car le changement continu est aussi
la loi des êtres vivants isolés. Même au temps où l'on
ne connaissait pas encore l'évolution des espèces biologiques à travers les siècles, on citait l'évolution des organismes individuels comme l'un des traits caractéristiques de leur existence. Le changement incessant, auquel
de leur naissance à leur mort ils se trouvent soumis,
était donné comme un de leurs attributs essentiels, celui
par lequel on les opposait le plus volontiers aux corps
bruts. Cette évolution paraissait constitutive de la vie.

Or la même chose peut se répéter, identiquement, à propos des sociétés. Car leurs modifications ne sont ni moins fréquentes, ni moins importantes que celles des organismes. Cela est fait pour donner quelque créance à la théorie qui range les sociétés parmi les êtres vivants.

Mais il serait intéressant de savoir quelle est au juste la relation de ces deux faits, la vie et l'évolution ; en quel sens ils sont liés l'un à l'autre ; s'il y a entre eux identité, ou dépendance réciproque, ou dépendance unilatérale. Ce problème, nous n'avons naturellement pas à l'aborder ici en tant qu'il concerne les organismes individuels ; nous n'en parlerons que dans la mesure où il se pose pour les êtres sociaux ; mais nous pensons que ce que nous dirons au sujet de ces derniers est vrai aussi pour les premiers. Pour le résoudre, nous allons chercher à voir de plus près en quoi consiste l'évolution de la société. Nous nous efforcerons d'ailleurs, ici encore, de nous dégager des conceptions exclusivement organicistes, pour nous en tenir à des faits dont la reconnaissance s'impose, quelque parti qu'on veuille prendre sur les théories destinées à les interpréter. C'est dans cet esprit que nous allons essayer de découvrir successivement : 1° ce qui change dans la société ; 2° comment les changements s'y effectuent.

A cette première question : « qu'est-ce qui change dans la société ? » il semble qu'on puisse répondre, avec autant de vérité que de brièveté, par ce simple mot : « tout ». En effet, la transformation se manifeste, et dans les éléments de la société, et dans leur agencement, qui constitue ce que l'on peut appeler les structures sociales, et dans leur fonctionnement individuel ou collectif. Les éléments de la société sont, nous l'avous montré précédemment (1), les uns humains, les autres non-humains. Pour les éléments humains, c'est-à-dire les êtres de notre espèce qui entrent dans la société, nous avons déjà dit qu'ils sont en un perpétuel devenir; non seulement chacun d'eux évolue, mais sans cesse quelqu'un d'entre eux disparaît, et il est remplacé d'ordinaire dans l'ensemble social par quelque nouveau venu. Pour les éléments non-humains, sous les réserves que cette classification comporte et que nous avons nous-mêmes présentées (2), les uns viennent de la nature et les autres de l'industrie humaine. Les premiers évoluent spontanément, avec une certaine lenteur, comme les forces cosmiques elles-mêmes ; car on sait que les substances inertes se transforment, bien qu'elles le fassent moins vite que les substances organisées. Mais nous avons montré qu'en outre ils subissent certaines transformations par le fait des hommes, lesquels savent agir sur leur milieu au mieux de leurs propres intérêts. Les seconds subissent des modifications bien plus rapides encore : les instruments fabriqués par l'industrie s'usent toujours assez vite ; mais souvent même ils sont démodés avant d'être usés ; de nos jours notamment, les progrès des arts techniques sont tels, que l'outillage se trouve, dans toutes les directions, renouvelé très fréquemment. On le voit donc, les diverses catégories d'éléments sociaux, les unes avec moins de rapidité que les autres, mais sans exception néanmoins, sont soumises à la nécessité de la transformation continue.

Il en est de même des ensembles partiels constitués

(1) Chapitre IV, § I.
(2) Id., § II.

par ces éléments, des structures sociales. Les groupes humains se modifient au moins de deux manières. D'un côté, ils peuvent, comme on dit, « rajeunir leurs cadres ». En ce cas, ils font simplement appel à des éléments nouveaux. Eux-mêmes, dans leurs principes tout au moins, restent ce qu'ils étaient antérieurement. Ils se renforcent simplement par la substitution de personnalités plus jeunes à des personnalités usées, physiquement ou moralement. Celles-ci d'ailleurs ne sont éliminées que de ces groupements particuliers, non du corps social tout entier. Elles continuent à subsister individuellement, trouvant ailleurs leur emploi ou vivant sur leur passé. — D'un autre côté, les groupements peuvent eux-mêmes se voir atteints dans leurs propres principes, disparaître ou se modifier profondément, aussi bien que d'autres peuvent naître. Une découverte de l'industrie crée tout un groupe nouveau d'ouvriers ; une loi ou un décret institue une catégorie nouvelle de fonctionnaires. Inversement, la substitution d'un moteur mécanique aux bras humains peut supprimer une profession entière ; une décision des autorités peut licencier un service public en totalité. A mi-chemin se trouvent les cas où des transformations partielles se produisent, qui par exemple amènent la suppression du tiers ou de la moitié d'un personnel. — Enfin, il existe aussi des groupes constitués par certains éléments non-humains de la société. L'ensemble des pièces d'argent circulant dans un pays en fournit un assez bon exemple. Or il est aisé de voir qu'il est soumis aux mêmes causes de modification que des ensembles humains, puisque d'une part ses éléments constitutifs peuvent être isolément renouvelés par des refontes, puisque de l'autre il peut être démonétisé ou exporté tout entier ou du moins dans d'importantes fractions de sa masse.

Les fonctions, elles aussi, évoluent. Il n'en peut être autrement, puisqu'elles sont liées aux éléments et aux structures, n'étant autre chose, à vrai dire, que leur activité. Les changements qu'elles comportent sont multiples. D'abord chaque être humain exerce à sa manière une certaine fonction sociale : quand l'individu avance en âge, croît en savoir, est atteint par la maladie, etc... etc..., sa façon de se conduire forcément se modifie. Puis les groupements sociaux se transforment, nous avons dit de quelles manières ; leur mode d'action change en même temps. Enfin il peut se faire que, l'organe social restant le même, son rôle devienne différent : ainsi un corps de fonctionnaires peut être chargé par une loi d'une attribution nouvelle sans que sa composition soit aucunement altérée. Ce changement dans la fonction sans changement dans l'organe se présentera rarement sans doute, mais enfin il arrivera quelquefois. Il entraînera, d'ailleurs, normalement à sa suite une modification ultérieure de l'organe lui-même. Ainsi, dans l'exemple précité, pour le recrutement du corps envisagé, on prendra évidemment en considération, une fois la loi votée, la nouvelle attribution qu'elle lui a conférée. Nous voyons donc que les variations des fonctions sociales sont liées aux variations des éléments et des organes sociaux, en ce sens qu'elles les suivent d'habitude, mais aussi qu'elles peuvent les déterminer. Et ceci nous prépare à formuler la solution du second problème que nous avions dû nous poser : comment se produisent les changements sociaux ?

II

Plus on cherche la cause de l'évolution sociale, plus on est amené à voir une corrélation intime entre cette notion d'évolution et la notion de vie, et mieux on comprend qu'elles s'impliquent l'une l'autre. Ce n'est pas que, à strictement parler, elles se confondent l'une avec l'autre. On pourrait concevoir, en pure logique, un être qui fonctionnerait sans se modifier. Mais la réalité sensible ne nous en offre aucun exemple. Les êtres qu'elle nous présente sont composés de parties multiples. Le jeu de chacune d'elles la modifie et modifie les autres. Le rapport même de ces parties entre elles s'en trouve altéré. A la longue, le système entier qu'elles formaient est devenu tout autre. Voilà ce que nous trouvons dans tous les ensembles sociaux, comme dans tous les ensembles organiques. Et voilà pourquoi nous disons que tout ce qui vit évolue, et inversement que tout ce qui évolue est doué de vie, car nous ne pouvons pas ne pas considérer la société comme un tout vivant.

Précisons, s'il est possible, un peu davantage. Tout fonctionnement d'un élément social (ou organique) se réduit à un mouvement accompli par lui. Ce mouvement a pour conséquence de déplacer l'objet mû, qui peut, dans la vie sociale, être une chose inanimée ou un être vivant, notamment un être humain. Mais il a

aussi pour conséquence de déplacer le moteur lui-
même. A supposer même que celui-ci fasse effort, une
fois le mouvement accompli, pour revenir dans sa position initiale, il n'y parvient jamais complètement. Son
acte l'a donc modifié. Pour prendre le cas ordinaire en
matière sociale, l'activité d'un être humain au milieu
de ses semblables laisse dans son esprit un résidu de
souvenirs et d'expérience, dans son organisme un commencement d'habitudes, qui vont s'incorporer à sa nature même. Nous n'avons aucun besoin d'en donner des
exemples. L'indication schématique de l'opération
suffit. Chacun pourra vérifier aisément l'exactitude de
la formule en l'appliquant aux cas concrets qu'il connaît
ou qu'il voit en quantité autour de lui. Le fonctionnement de l'individu ou du groupe a donc pour conséquence sa transformation plus ou moins profonde, plus
ou moins légère, non pas sans doute par une nécessité
logique, mais du moins par une nécessité de fait iné-
luctable.

Il en est déjà ainsi pour les êtres vivants les plus
simples. Mais le phénomène s'amplifie singulièrement
quand on passe de ceux-ci aux êtres très complexes.
Chez ceux-ci, en effet, les répercussions de la moindre
action sont innombrables. Car elles se font sentir, de
proche en proche, sur des éléments multiples et elles
affectent chacun de ceux-ci à la fois dans sa structure, dans son fonctionnement, et dans ses rapports
avec tous les autres. Cela explique pourquoi, dans la
société humaine, les changements sont très rapides et
très importants : c'est qu'elle est composée d'êtres à la
fois nombreux et eux-mêmes complexes, ce qui donne
de multiples prises aux causes de transformation. Les
sociétés en général changent plus vite que les orga-

nismes : elles ont en effet plus d'éléments, et de plus riches. Les sociétés supérieures, par la même raison, changent bien plus rapidement que les sociétés inférieures, parce qu'elles comptent plus d'hommes, mentalement plus élevés. Voilà pourquoi le progrès en tous les sens s'est si fort accéléré avec la formation des grands États et l'extension de la vie psychique de leurs membres, au point qu'en quelques dizaines d'années du xixe siècle il s'est révélé plus considérable qu'il ne l'avait été en des centaines d'années de l'âge de la pierre taillée.

En somme, quand l'être agit, il change quelque peu. Quand il change, il ne peut plus agir tout à fait de la même manière. Ces petites modifications, en se répétant et en s'additionnant, finissent par entraîner une transformation totale. Un être, à l'instant initial où on le considère, a une structure S. Il exerce la fonction F, qui est la conséquence pure et simple de la structure S, la mise en jeu normale des activités qu'elle recèle, le passage à l'acte des virtualités qu'elle contient. Mais par une loi de la nature, qu'il faut accepter sans pouvoir l'expliquer elle-même, car elle est une loi première, l'exercice de la fonction F altère la structure S et en fait la nouvelle structure S'. Dès lors, l'être envisagé, étant pourvu de cette structure S', devra agir un peu autrement que tout à l'heure. Sa fonction deviendra F'. Mais F', à son tour, entraînera l'établissement d'une structure S'' ; à celle-ci correspondra une fonction F'', et ainsi de suite indéfiniment, de sorte que structures et fonctions iront s'éloignant sans cesse davantage de l'état initial. Mais en outre, dans le monde social les actions et réactions des êtres humains les uns sur les autres sont innombrables. Le fonctionnement de l'un altère donc les structures de beaucoup d'autres et par là même leurs fonctions. Tous ceux-ci le lui rendent. Ainsi mille raisons influent simultanément sur chaque élément social pour faire, à tout instant, que quelque chose se transforme en lui. Nous naissons donc, chaque heure, à une vie nouvelle, en même temps que nous mourons à une vie antérieure. C'est un phénomène naturel, fatal, indépendant de notre volonté. Mais cela devient, si nous savons le comprendre et le vouloir, une source de satisfactions profondes. Car rien ne donne autant d'intérêt et de charme à l'existence que ce sentiment de son incessant rajeunissement, et rien ne nous fait mieux apprécier le bonheur de vivre en notre temps que les facilités exceptionnelles, uniques sans doute au cours de l'histoire, que nous y trouvons pour renouveler sans cesse le trésor de nos sensations, de nos affections et de nos idées.

III

Les indications qui précèdent n'ont d'autre but que de montrer comment l'évolution de la société est un fait naturel et nécessaire, caractéristique de son existence même. Rechercher maintenant quelles sont les lois de cette évolution, ne saurait être ici notre tâche. Car leur découverte ne peut être que l'œuvre des sciences sociales elles-mêmes. Elle n'est donc accomplie que lorsque celles-ci sont achevées ou bien près de l'être. La formule des lois sociales doit se chercher parmi les conclusions de ces sciences. Or nous ne posons au contraire dans le présent volume que leurs prémisses. Nous spécifions ici les principes dont elles partent, non pas ceux auxquels elles aboutissent. Il nous faut par suite réserver pour le tome troisième de cet ouvrage l'examen des lois qu'on a assignées à l'évolution sociale. Mais dès à présent nous pouvons et devons dissiper une confusion qui se rencontre chez les auteurs qui traitent de cette évolution. Ils prennent fréquemment ce mot comme synonyme du terme de progrès. Il semble qu'aux yeux du plus grand nombre la marche de l'histoire doive nécessairement améliorer le sort de l'humanité. C'est là une idée qu'il importe d'examiner brièvement. Sans entrer dès maintenant dans l'étude des faits, en s'en tenant à l'analyse logique du concept d'évolution — seule chose que nous ayons le droit de faire en ce moment — on peut montrer l'inexactitude contenue dans cette prénotion.

Elle date de loin, à la vérité. Sans doute, l'antiquité et le moyen âge avaient eu plutôt la prénotion opposée. L'antiquité croyait à un âge d'or primitif, dont l'humanité se serait progressivement éloignée. Le christianisme répandit la notion d'un paradis terrestre originel, d'où l'homme aurait par sa faute été chassé. Mais lorsqu'avec la Renaissance l'intelligence s'émancipa et les sciences positives se constituèrent, les auteurs de ce mouvement, quelque peu enivrés de leurs propres découvertes ou de celles de leurs contemporains — état d'esprit qu'on trouve, par exemple, chez le chancelier Francis Bacon — imaginèrent que le progrès allait s'étendre et se renforcer indéfiniment, qu'il serait à la fois intellectuel, moral et matériel, qu'il s'accomplirait triomphalement et en dépit de tous les obstacles, qu'il était fatal et universel. Cette notion, encore un peu vague chez eux, où elle était plutôt un sentiment qu'une idée, alla se précisant par la suite, à mesure que les sciences elles-mêmes progressaient. Elle inspire Pascal, qui considère l'humanité « comme un seul homme qui apprend continuellement ». Elle s'impose à presque tous les hommes d'étude du XVIIIe siècle. Sans doute, on trouve dès lors une théorie, celle de Vico, qui met une réserve à cette enthousiaste affirmation. Le célèbre auteur italien, dans sa doctrine des *ricorsi*, indique que pour lui le progrès n'est pas continu. La courbe décrite par l'humanité dans sa course revient périodiquement sur elle-même. Le terrain conquis n'est pas définitivement gagné ; il y a des reculs, et il faut de loin en loin repartir du même point initial. Mais la généralité de ces auteurs n'est pas de cet avis. Pour elle, l'humanité suit une marche continuellement ascendante. L'éclipse partielle des lumières, que certaines époques montrent avec évidence, sert elle-même à enfanter des progrès nouveaux. Cette théorie se trouve affirmée avec éclat par Condorcet, dans son *Esquisse des progrès de l'esprit humain*. Plus tard le fondateur même de la sociologie, Auguste Comte, considérera encore le progrès comme inhérent à toute l'évolution humaine. Avec Condorcet, il le croira nécessaire. Avec Pascal, il le regardera comme unilinéaire, c'est-à-dire qu'il envisagera l'évolution mentale humaine comme formant une seule série, où les découvertes se transmettent de l'Orient à la Grèce, de celle-ci à Rome et de Rome au monde moderne, sans chercher s'il n'existe pas ailleurs d'autres séries qu'il y aurait intérêt à étudier à part. De nos jours la conception du progrès en quelque sorte mécanique, se déroulant automatiquement et universellement par le seul fait des années, s'est encore renforcée, par le fait des découvertes incessantes de la science et de l'industrie. Elle règne presque partout. Et pourtant, croyons-nous, elle ne laisse pas d'être inexacte.

D'abord, en admettant même que l'idée de progrès ait une valeur objective, il faut immédiatement dire que ce progrès n'a pas le caractère de continuité qu'on lui attribue d'ordinaire. Et cela est vrai à trois points de vue tout au moins :

1° Le progrès n'est pas un, ainsi qu'on l'imagine, il est multiple, complexe, comme la société elle-même. Le progrès de l'esprit, celui du caractère, celui du confort, ne vont pas nécessairement de pair. Sans doute il y a quelque lien entre eux, et le premier par exemple peut amener à sa suite les deux autres. Mais on voit sans peine que cette relation n'a rien d'obligatoire. Il est des individus et des peuples chez lesquels une plus haute culture de l'esprit a affaibli certaines qualités morales. Il en est chez lesquels le développement du bien-être a arrêté l'essor de l'intelligence. Aussi ne faut-il point croire, *a priori*, qu'un groupe progresse dans tous les sens à la fois. Cela ne peut se dire dans chaque cas particulier qu'après examen de toutes les circonstances de fait.

2° Le progrès n'est pas non plus ininterrompu dans le temps. On est porté à le croire, parce qu'il semble que l'accumulation des expériences des générations successives doive forcément l'entraîner. Mais l'observation le dément. Elle nous montre, au cours de l'histoire, des régressions partielles, et même des régressions totales. Parfois un peuple, tout en avançant sur un point, recule sur un autre : les Byzantins, par exemple, ont perfectionné certains arts de l'antiquité, mais leur religion et leur philosophie ont marqué un retour vers les subtilités creuses de la sophistique. Parfois même un peuple peut reculer sur tous les points : c'est le cas, nous semble-t-il, des malheureuses tribus de l'Océanie, depuis l'installation des Européens dans leurs îles. On ne saurait donc parler de progrès nécessaire et constant à travers les âges.

3° Enfin le progrès n'est pas non plus général dans l'espace. A un même moment, une société peut être en progrès, prise dans son ensemble, tandis qu'une autre, considérée en bloc également, subit un recul. Même les progrès de l'une et le recul de l'autre sont souvent liés. Il en est ainsi chaque fois qu'il s'agit de nations concurrentes. Une guerre entraîne une victoire et une défaite, le succès d'un des belligérants et l'échec de l'autre. Et cela n'est pas vrai seulement de la lutte armée, mais aussi de la lutte économique, intellectuelle, religieuse, diplomatique, linguistique, etc..., qui se poursuit sans trêve sur tous les points du monde entre toutes les nationalités. Chaque jour le commerce de l'une décroît, alors que celui de l'autre grandit ; les idées de l'une se répandent, tandis que celles de l'autre se voient contestées et rejetées. Il n'y a donc point progrès pour toutes à la fois. En somme, par conséquent, il n'apparaît pas que le progrès possède le moins du monde la continuité qu'on lui attribuait si hâtivement ; cette continuité dans le progrès n'existe complètement ni entre les multiples fonctions d'une même société, ni entre ses générations successives, ni entre les différentes sociétés.

Mais il y a plus, et c'est le principe même du progrès qui peut être mis en cause. L'idée du progrès n'a peut-être en effet, comme toutes les idées, qu'une valeur purement subjective. Nous appelons progrès ce qui nous paraît constituer une amélioration par rapport à l'état antérieur. Mais le critérium de cette amélioration, nous le tirons de nous-mêmes. Nous considérons donc des êtres comme étant en progrès, lorsqu'ils réalisent plus complètement *notre* propre idéal. Ce qu'il faudrait au contraire, ce serait savoir s'ils se sont rapprochés davantage de *leur* idéal à eux, et c'est ce dont il est souvent impossible de juger. — Supposons que ce critérium puisse être appliqué. Il aura sur le précédent une supériorité certaine. Mais il restera encore subjectif. Le centre de conscience d'où le progrès est jugé aura été déplacé, rectifié ; il ne sera pourtant encore qu'un centre particulier, contingent et limité. — Nous n'irons pas jusqu'à dire, sans doute, que le progrès est une illusion. Car il existe par cela seul qu'il est senti. Ce qui est une amélioration aux yeux de quelqu'un est par cela même un progrès partiel. Mais nous maintiendrons qu'il n'y a pas de critérium général et objectif du progrès. Quand on croit constater un progrès, on ne peut avancer qu'il existe que pour tels individus et à tels égards particuliers. La notion de progrès n'a donc qu'un usage scientifique forcément assez restreint. Elle est loin d'avoir la portée de la notion d'évolution, autrement générale et objective. Elle rentre en un sens dans cette dernière, car un progrès est une évolution jugée bonne par certains pour diverses raisons. Les sciences sociales, en conséquence, devront s'attacher à la description des phénomènes d'évolution, sans pouvoir prétendre porter elles-mêmes sur leur valeur « progressive » un jugement absolu, mais sans devoir s'interdire toutefois de rechercher si ces transformations ont apparu, à ceux qui les éprouvaient, comme un bien ou comme un mal.

TROISIÈME PARTIE

LES SCIENCES SOCIALES

CHAPITRE IX

LA SCIENCE ET L'ART

I. *Différence de buts entre la science et l'art. —* II.
Différence de méthodes. — III. *Analogies partielles. —* IV. *Correspondance et liaison de la
science et de l'art.*

I

Dans les deux premières parties de ce volume, nous
avons cherché à délimiter le domaine social et à faire
connaître à grands traits son contenu. Il s'agit maintenant de montrer comment ce domaine peut devenir
objet de connaissance, comment la science peut s'y appliquer. Et pour cela il faut tout d'abord s'expliquer sur
ce qu'est la science elle-même.

Cela est d'autant plus urgent que, en matière sociale,
on prend très souvent la science pour ce qui n'est point
elle. On décore volontiers de son nom des projets de reconstruction sociale qui sont, spécifiquement, tout autre
chose. Ils peuvent relever de l'art social, mais celui-ci
diffère profondément de la science sociale.

Cette distinction de la science sociale et de l'art social

est assez généralement admise en principe, bien qu'il y ait aussi des auteurs, et non des moindres, qui en contestent l'utilité (1). Mais elle est parfois bien mal présentée par ceux-là mêmes qui l'admettent. Par exemple, dans l'école économique classique, on entend dire que « la science montre ce qui doit être, tandis que l'art fait ce qui peut être » (2). C'est là, dans notre opinion, une complète méconnaissance de la vraie nature de la science. Celle-ci n'a rien à faire avec « ce qui doit être». Elle s'attache à ce qui fut ou qui est. On ne lui refuse pas cette tâche dans l'école économique classique. Mais on lui donne en outre la précédente, parce que l'on croit, bien à tort, qu'elles sont nécessairement liées, que même elles ne font qu'un. C'est une conséquence de cette vue particulière à l'école dont nous parlons et à notre avis erronée, qu'il y a adéquation entre le réel et l'idéal, que le monde actuel est le monde le meilleur possible, que les lois suivant lesquelles il se gouverne spontanément ne sont susceptibles d'aucun perfectionnement. Cette vue vient des physiocrates ; elle a pu avoir son heure d'utilité pour amener l'abandon de l' « artificialisme » des mercantilistes. Mais les applications qui en ont été tentées depuis lors, notamment la suppression de toute réglementation du travail, ont prêté à des abus, de sorte qu'elle a peu à peu perdu la faveur du plus grand nombre. Son principe théorique sus-énoncé pèche d'ailleurs, de toute évidence, par un optimisme exagéré. Nous croyons donc, pour notre part, n'avoir pas besoin de nous attacher plus longue-

______

(1) Charles Gide, *Principes d'économie politique.*

(2) Frédéric Passy, paroles prononcées à la séance de la Société d'économie politique de Paris du 5 juin 1891 (*Journal des Economistes*, n° du 15 juin 1894.)

ment à sa réfutation. Et nous passons dès lors à l'exposé de notre définition personnelle (1).

Pour nous, la réalité est profondément distincte de l'idéal. La première a une existence objective, le second n'a qu'une existence toute subjective. Nous ne disons point que la réalité vaut mieux que l'idéal — car l'idéal est plus beau, — ni que l'idéal vaut mieux que la réalité — car la réalité est plus vraie. Mais nous constatons seulement qu'ils ont deux modes d'existence très différents. A ces deux modes d'existence correspondent deux attitudes que l'esprit peut prendre. Placé en face de la réalité, il cherche naturellement à la connaître. Placé en face de l'idéal, il cherche, s'il l'adopte, à le faire passer dans les faits. Il donne ainsi à chacun d'entre eux ce qui lui manquait : l'existence subjective à la réalité, qui devient objet de pensée ; l'existence objective à l'idéal, qui devient réalité. Il étudie le réel et il pratique l'idéal.

Cette étude du réel est justement ce qui constitue, à son degré le plus élevé, la science. Car qui dit science, dit connaissance, et l'on ne peut connaître que le réel (2). Mais le réel ne subsiste pas toujours identique à lui-même. Il comprend donc tout ensemble l'état antérieur de l'univers et son état actuel. La science sera, par

(1) Voir pour les détails notre livre : *La science et l'art en économie politique*. Voir aussi Fernand Faure, article *Science et art* du Dictionnaire d'économie politique.

(2) Sans doute, on peut aussi connaître l'idéal. Mais justement, quand on se borne à examiner l'idéal dans le seul but de savoir ce qu'il est chez un individu ou un groupe donné, on fait encore de la science, non de l'art. La psychologie ethnique et l'histoire des beaux-arts, qui sont des études d'ordre scientifique, s'attachent ainsi à définir l'idéal des divers peuples et des diverses écoles esthétiques.

suite, l'étude à la fois de ce qui a été et de ce qui est, du passé et du présent.

L'art sera, par contre, l'effort pour créer ce qui doit être. Et, comme l'idéal n'est jamais qu'incomplètement réalisable, comme il faut composer avec les résistances innombrables qu'il soulève, l'art, après s'être posé pour but ce qui absolument parlant devrait être, s'attachera en fait à réaliser immédiatement ce qui, dans cette direction, peut être. Il créera ainsi l'avenir.

Ce n'est pas, à la vérité, que le domaine du futur soit entièrement interdit à la science. Mais elle n'y saurait pénétrer de la même manière et dans une mesure aussi large que l'art. Elle peut seulement chercher à prévoir ce que sera cet avenir, d'après ce qu'elle sait du passé et du présent. Elle peut dire que telles forces étant en jeu actuellement, il est à penser que tels résultats s'ensuivront un jour. Seulement, le gouvernement de ces forces lui échappe. Car il arrive sans cesse qu'elles soient déviées de leur cours antérieur sous l'influence des passions et des désirs des hommes. Guider ces désirs, régler et utiliser ces passions, tel est l'objet propre de l'art. C'est donc bien à lui d'organiser le futur, que la science ne peut qu'imparfaitement deviner.

En un mot, la science cherche à connaître; l'art, à agir. La première s'adresse à l'intelligence; le second, à la volonté. La première s'efforce de pénétrer le monde; le second, de l'améliorer. Par la science, l'homme étudie son milieu, se met à son école, lui demande humblement son secret. Par l'art, il réagit sur lui, tâche de lui imposer ses propres vues, essaie de le façonner suivant son vouloir.

Cette distinction de la science et de l'art se peut

poursuivre dans tous les domaines ouverts à l'activité humaine. Dans le domaine cosmique, on mettra au nombre des sciences la mécanique, par exemple, qui étudie les mouvements des solides et des liquides, et on mettra au nombre des arts (en entendant par ce mot tout aussi bien les arts utiles que les beaux-arts), l'architecture qui dispose les éléments du milieu physique suivant un ordre répondant à nos convenances. Dans le domaine biologique, on considérera comme des sciences la zoologie et la botanique, qui étudient la constitution et la vie propres des animaux et des plantes, et on rangera parmi les arts la zootechnie et l'agronomie, qui permettent d'élever les animaux et de faire pousser les plantes au mieux de nos besoins. Dans le domaine social pareillement, on appellera science l'histoire des phénomènes moraux, entre autres, et art l'ensemble des préceptes moralisateurs des prédicateurs et des pédagogues. Nous ne citons cette dernière opposition qu'à titre d'exemple (la liste complète des sciences sociales et des arts sociaux devant être donnée plus loin) et simplement pour montrer la différence des deux points de vue, qui sépare profondément la science morale véritable de ce qui est proprement l'art moral. La première cherche à connaître l'état moral réel des individus et de la société, à travers le temps et l'espace. Le second cherche à perfectionner cet état, à définir l'idéal vers lequel il devrait tendre et à l'amener à s'en rapprocher.

II

L'opposition que nous venons d'indiquer peut être marquée, croyons-nous, d'une façon plus précise encore. Les fins de la science et celles de l'art étant distinctes, leurs contenus doivent par là même prendre des formes divergentes. Il en est ainsi, en effet. La science part de l'expérience, des observations accumulées. Elle y ajoute, dès qu'elle le peut, des observations plus précises, des expériences. Les faits qu'elle a ainsi obtenus, elle les rapproche entre eux suivant leurs affinités, elle les compare et les classe. Elle tâche de dégager leurs causes, d'établir entre eux des rapports de simultanéité ou de succession. Quand ces rapports ont une certaine constance, elle parvient, au moyen d'eux, à définir un type. Quand ils ont une grande généralité, elle en arrive à les ériger en lois. La découverte des lois est l'opération la plus haute de la science (1). La marche de celle-ci est donc ascensionnelle, puisqu'elle va du particulier au général. Elle est essentiellement inductive (2).

L'art procède autrement et même, peut-on dire,

(1) Nous ne pouvons naturellement que nommer ici ces divers procédés scientifiques. Leur examen détaillé sera la matière de notre second volume, celui que nous consacrerons à *la Méthode des sciences sociales*.

(2) Au moins pendant longtemps. Il n'en est pas toujours ainsi et la science peut connaître une phase déductive postérieure. Nous insisterons sur ce point dans le § III du présent chapitre.

d'une manière inverse. Sa marche est descendante et déductive. Il pose d'abord un très haut idéal. Puis il est amené à le confronter avec la réalité préexistante, pour déterminer dans quelle mesure il peut le réaliser à son tour. Il tire de là des vues moins larges, mais plus précises et plus pratiques. Il est amené progressivement à restreindre ses aspirations, à ne plus donner que des indications particulières, mais susceptibles d'une application immédiate. La science s'élevait progressivement de l'expérience concrète à la loi abstraite ; l'art, au contraire, descend peu à peu de l'idéal abstrait à l'action concrète. Tous les deux connaissent ce qu'on est habitué à appeler « la pratique » et « la théorie » ; seulement la science tire de la pratique ses théories, tandis que l'art de ses théories cherche à faire découler une pratique.

Notons immédiatement, d'ailleurs, que le mot de théorie ne peut pas avoir dans la science la même acception que dans l'art. Les théories de la science sont des vues d'ensemble sur la réalité, tirées de l'observation de la réalité elle-même ; ce sont des généralisations *a posteriori*. Les théories de l'art au contraire sont des idées *a priori*, ce sont des principes que l'esprit tire de son propre fond et veut imposer aux choses mêmes. Les théories de la science dépassent parfois les limites de l'expérience sur laquelle elles se fondent. Mais il est encore plus ordinaire que les théories de l'art ne résistent pas aux tentatives d'application qui en sont faites.

La plus haute démarche de la science, disions-nous tout à l'heure, est la découverte des lois. Cela est d'évidence, quand il s'agit des sciences cosmiques et biologiques. En ces matières, en effet, on est habitué à appeler lois, suivant la formule de Montesquieu, « les rapports nécessaires qui dérivent de la nature des choses. » Mais, en matière sociale, le terme de loi est amphibologique. Dans certains cas, il garde le sens qu'il avait dans les domaines physiques et organiques, celui de rapport permanent entre des phénomènes : c'est en ce sens qu'on parle des lois économiques, telles que la loi de l'offre et de la demande, la loi de Gresham, etc... ou encore des lois de l'histoire. Mais, dans d'autres cas, il prend un sens nouveau, celui de prescription posée par un législateur : c'est ainsi qu'on parle des lois morales, qui seraient l'œuvre d'un législateur intérieur (la conscience) ou supra-sensible (la divinité), et des lois civiles et pénales, qu'édicte le pouvoir législatif de l'Etat. Ce second sens du mot loi n'est pas sans avoir une certaine connexion avec le premier : car il désigne, lui aussi, une certaine manière de faire générale. Seulement, il ne s'agit plus ici d'une généralité nécessaire, d'une manière de faire constante et toute spontanée. Il s'agit d'une généralité prescrite, non pas toujours obtenue, d'une manière de faire commandée par un maître, à laquelle celui qui reçoit l'ordre peut toutefois se soustraire. Les « lois » morales et juridiques sont de celles auxquelles on peut désobéir, sous la menace il est vrai de certaines sanctions. Elles n'ont donc absolument pas le caractère des « lois naturelles », qui s'imposent d'une façon absolue, aussi bien dans la société que dans la nature, mais qui à vrai dire ne se présentent pas plus dans celle-là que dans celle-ci comme des ordres venant d'un législateur, et qui au contraire se réalisent sans effort et d'elles-mêmes, parce qu'elles ne sont autre chose que l'expression de l'essence même, de la constitution intime et indéfectible des êtres auxquels elles s'appliquent. Nous croyons que, si la langue était à refaire, ce serait à ces lois naturelles seules qu'il faudrait, dans le monde social comme dans le monde biologique ou cosmique, réserver le nom de lois. Aux formules de la seconde espèce, aux « lois » impératives et susceptibles d'infraction, on réserverait plus correctement le nom de préceptes. — C'est de semblables préceptes que le corps de tous les arts sociaux, et même de tous les arts sans exception, est constitué. Un art social, comme l'art moral ou l'art juridique, commence par poser son idéal, le bien ou le juste. Puis, suivant la voie indiquée tout à l'heure, il tire de la considération de cet idéal, en l'appliquant, à l'adaptant à la vie réelle, des préceptes de moins en moins généraux. Il procède par une sorte de syllogisme, par ce qu'on peut appeler le syllogisme de l'action. La majeure de ses premiers syllogismes est tirée de l'idéal abstrait ; la mineure, des lois générales du concret, connues grâce à la science ; la conclusion est un précepte, d'ordre déjà plus particulier que les deux prémisses. Mais ce précepte est encore lui-même souvent assez éloigné du réel ; il est trop compréhensif, il ne tient pas suffisamment compte de la variété des circonstances. Pour l'adapter à celle-ci, il faudra faire un nouveau raisonnement déductif, prendre cette fois comme majeure le précepte lui-même, comme mineure les conditions particulières où l'agent se trouve placé, pour aboutir à une conclusion qui indiquera ce qu'il y a lieu pour lui de faire à telle heure, en tel endroit, dans tel milieu déterminés. Les préceptes iront donc en se spécifiant sans cesse davantage, en s'étageant pour ainsi dire sur les pentes descendantes qui des sommets brillants et inaccessibles de l'idéal conduisent jusqu'aux régions plus abordables et moins riantes de la vie journalière, pour en laisser entrevoir même, à ceux qui ne savent point s'arrêter à temps dans cette descente, les bas-fonds et les fanges.

Si ces indications ont paru concluantes, on ne confondra plus, nous l'espérons, les lois, auxquelles toutes les sciences, y compris les sciences sociales, aspirent, avec les préceptes, dont tous les arts sont constitués. Il est facile d'ailleurs de les distinguer à leur simple formule grammaticale : les premières sont à l'indicatif ; les seconds (quelquefois en se dissimulant) à l'impératif. Et telle est justement la différence fondamentale de la science et de l'art : l'une renseigne, l'autre prescrit.

III

Les explications qui précèdent avaient pour but de mettre en lumière la différence qui sépare la science de l'art. Elles tendaient à présenter cette différence d'une manière aussi frappante, aussi schématique que possible. Par là même, elles étaient condamnées à laisser dans l'ombre certains détails, à négliger tout ce qui aurait pu affaiblir ou atténuer cette différence fondamentale. Mais bien entendu ce ne pouvait être là qu'une omission provisoire. Les grands traits une fois esquissés, il nous faut maintenant revenir en arrière et reprendre en sous-œuvre plusieurs points. Il se dégagera sans doute de ce nouvel examen : d'une part, une compréhension plus complète des caractéres de la science et de ceux de l'art, d'autre part, un sentiment plus précis de ce qui les rapproche en dépit de leur distinction.

Nous avons présenté tout à l'heure la science comme étant essentiellement inductive. A cette proposition l'on pourrait faire au moins deux objections, à notre avis de valeurs fort inégales :

1° Ne voit-on pas, pourrait-on dire d'abord, que les sciences sociales, dont seules nous avons à traiter ici, emploient couramment la déduction ? Cela est exact, mais, croyons-nous, ne prouve rien. L'usage actuel de la déduction dans les sciences sociales peut n'être qu'une erreur, qu'un vice de méthode. Qu'est-ce en effet que déduire ? C'est tirer, par le raisonnement, de propositions générales préalablement établies, des propositions particulières qui en découlent. La vérité de ces dernières repose donc sur celle des premières. On ne saurait, par suite, déduire utilement, que lorsqu'on a par une série d'inductions accumulées constitué tout un ensemble de principes généraux inébranlables. Or c'est malheureusement ce qu'on est très loin d'avoir fait quant à présent en matière sociale. Ici l'opération inductive non seulement n'est point achevée, mais est à peine commencée. L'opération déductive est donc absolument prématurée, et le fait qu'on s'y livre dès maintenant ne témoigne que contre ceux auxquels il est imputable (1).

(1) Cela ne veut pas dire à coup sûr que nous entendions interdire l'usage actuel de la déduction à la morale, à la jurisprudence, à la politique, etc... Mais celles-ci, telles qu'on les comprend couramment, sont des arts, et nullement des sciences. Or nous avons montré tout à l'heure que la déduction est le procédé propre de l'art.

2º Mais n'est-il point exact, pourrait-on répliquer, que l'opération déductive réussit parfaitement dans d'autres sciences, plus avancées que les sciences sociales? Le fait est encore vrai et, cette fois, il est probant. Les sciences cosmiques sont parvenues à se constituer, en partie tout au moins, sous la forme déductive : la physique a cessé d'être expérimentale (du moins en grande partie) pour prendre l'aspect mathématique : ses principes ayant été formulés avec certitude, on peut aujourd'hui étayer sur eux une série de raisonnements concluants ; la chimie aspire à son tour à atteindre ce stade et peut-être y arrivera-t-elle bientôt. Même les sciences biologiques commencent à entrevoir le moment où une transformation analogue sera possible pour elles : la physiologie semble en être plus près que l'anatomie et celle-ci pourtant, grâce surtout aux théories évolutionnistes modernes, n'en est peut-être plus extrêmement éloignée (1). La même chose pourra-t-elle arriver quelque jour aux sciences sociales? Nous n'hésitons pas à le croire. Comme toutes les autres sciences, elles parviendront à un stade déductif, quand elles auront solidement assis un nombre suffisant d'inductions. Mais ce jour, pour elles, nous paraît devoir être encore confiné dans un très lointain avenir.

Lorsqu'elles y seront arrivées, on ne pourra plus dire que la science n'aspire qu'au général. Après être montée jusqu'à celui-ci, elle sera redescendue vers le particulier. Elle aura d'abord synthétisé mille détails en une loi d'ensemble ; maintenant elle saura appliquer avec précision cette loi aux détails nouveaux qui surgiront, en la pliant à l'infinie variété et complexité

(1) Pour les détails, voir nos *Eléments de philosophie scientifique et de philosophie morale.*

des hypothèses spéciales qu'elle aura devant elle. Une
fois constituée la science des ensembles, on pourra
faire la science des groupes subordonnés et celle même
des individualités (1).

La science reviendra ainsi, d'une certaine manière, à
son point de départ, mais pour l'éclairer d'une tout
autre lumière qu'elle ne pouvait le faire originaire-
ment. Elle a commencé par des observations particulières sur des points limités ; elle a été, en matière sociale, la simple description des faits et gestes de quelques individus saillants, ou celle de certains grands
mouvements collectifs. Puis de ces observations mille
fois répétées et coordonnées, se dégagent peu à peu les
lois, historiques et naturelles, de la vie sociale dans
son ensemble. Enfin ces lois permettent l'explication intégrale de chaque fait social dans tout son détail, peut-
être même la prévision des faits sociaux à venir. Du
fait à la loi, et de la loi au fait, tel est le mouvement
complet, successivement inductif et déductif, de la
science sociale, comme de toute science.

Et l'art, à son tour, quel est, dans sa totalité, son
processus ? Nous avons vu tout à l'heure qu'il est essentiellement déductif. Mais, en creusant davantage,
nous pouvons trouver sous cette déduction une induction antérieure, de même que dans la science nous avons
aperçu après la phase inductive une phase déductive
qui lui succède. En effet l'art, nous l'avons dit, appuie
ses syllogismes sur des prémisses générales : ses majeures sont des idéaux, ses mineures sont des propositions qui synthétisent le réel. Mais quoi ! ces prémis-

____

(1) Nous avons appliqué ces idées à l'histoire d'une science
importante, la psychologie, dans notre étude : *Psychologie individuelle et psychologie collective.*

ses générales ne se sont pas constituées d'elles-mêmes, en un seul jour. Un immense travail d'élaboration a été nécessaire pour les formuler. S'il s'agit des mineures, ce travail est celui de la science elle-même, puisque c'est à elle qu'il appartient, précisément, de donner dans sa première phase (inductive) la synthèse du monde objectif. S'il s'agit des majeures, la formation de notre idéal s'effectue par un travail mental encore insuffisamment connu, mais dont les éléments principaux nous semblent être les suivants : impressions de plaisir et de peine produites par plusieurs états successifs, comparaison de ces états, désir de voir revenir les premiers, effort fait pour les ramener, puis pour les intensifier et les généraliser. C'est un processus qui s'exerce dans l'ordre des états affectifs et des volitions, tandis que celui de la science s'opère dans l'ordre des états représentatifs et des idées proprement dites. Ce qui est certain, c'est que l'un comme l'autre sont fort lents à se dérouler, c'est qu'une série d'étapes successives précède leurs sommets.

L'art a donc connu, lui aussi, un stade primordial, où il était purement rudimentaire. Il a commencé par ne former qu'une grossière pratique, où l'idéal n'existait qu'à l'état d'aspiration tout à fait confuse vers un mieux-être entrevu de la façon la moins distincte. Peu à peu, il s'est élevé à une aperception de plus en plus nette de cet idéal. Enfin, lorsqu'il a su le formuler avec précision, il a appris à le réaliser avec sûreté, à le faire passer à l'acte dans mille quotidiennes applications. En somme donc, sa marche peut être donnée comme étant, dans l'ensemble de l'évolution historique, parallèle à celle de la science. Tous deux ont commencé par le particulier pour s'élever au général et redescendre de là vers le particulier, avec plus de lumière et de force bien entendu. La science est allée de l'expérience fragmentaire à la découverte des lois ; l'art, de la pratique empirique à la conception de l'idéal. L'une pourra, grâce aux lois, expliquer les cas concrets; l'autre, grâce à l'idéal, remanier le réel dans sa complexité. Mais ni l'une ni l'autre ne sont au bout de leurs tâches et même, quand il s'agit de la science sociale et de l'art social, ils ne l'aperçoivent point. Il y a donc correspondance de leurs processus généraux; une première analyse en montrait surtout la différence, une seconde en a fait apparaître les analogies.

IV

Nous arrivons enfin à préciser la dépendance et l'indépendance relatives de la science et de l'art. Il nous paraît pour ainsi dire évident qu'il doit y avoir un lien à peu près constant entre ces deux termes. A toute science, ou presque à toute, correspond un art; car, lorsqu'on connaît un objet, on a par là même la possibilité d'agir sur lui et la tentation de l'utiliser pour ses fins à soi-même. Nous n'apercevons guère qu'une exception à ce principe ; il y a des objets sur lesquels, en raison de leur éloignement, nous n'avons aucune prise, bien que nous puissions les connaître avec précision : ce sont les astres ; aussi à la science astronomique ne répond directement aucun art, quoique les connaissances qu'elle donne soient susceptibles de nombreuses applications pratiques, par exemple à l'art de la navigation. En ce qui concerne le domaine social, nous montrerons bientôt, au cours du chapitre XI du présent volume, que le parallélisme annoncé se poursuit rigoureusement entre les sciences et les arts qui tirent de lui leur objet.

Mais, si les deux séries se déroulent ainsi côte à côte, peut-on dire qu'il n'y a là qu'une coïncidence fortuite ? Non. Car l'une des deux commande l'autre. Et c'est à la science que revient ce rôle prééminent. L'art, en effet, dépend d'elle. Nous avons vu, il y a un moment, qu'il procède par syllogismes, et que les mineures de ses déductions sont des propositions empruntées à la science. Mais les majeures elles-mêmes, qui sont des formules d'idéal, ne sont pas complètement étrangères à l'œuvre scientifique. L'idéal de chaque individu se précise et s'élève avec ses connaissances. Quand il sait plus et mieux, il veut davantage et plus juste. La science influe donc de tous les côtés sur l'art, par les fins qu'il se propose et par les moyens dont il dispose. Voilà pourquoi les progrès de l'art ne peuvent que suivre ceux de la science. On dit souvent l'inverse : on croit que l'art a précédé la science. Mais c'est qu'on se fait de la science et de l'art des idées fausses ; qu'on appelle art la pratique empirique, et science la pratique raisonnée ; qu'on adopte en un mot à leur sujet la conception erronée de certains économistes, que nous avons repoussée au début de ce chapitre. Il est bien clair, au contraire, que, si la science est la synthèse de nos connaissances et l'art la règle synthétique de notre activité, la première doit forcément précéder le second, puisqu'on ne peut agir sur aucun objet sans le connaître en quelque mesure et que, suivant le mot de Bacon, la science de l'homme est la mesure de son pouvoir.

Seulement, il se pose alors une dernière question. La science est-elle complète sans l'art ? L'acte de l'intelligence n'appelle-t-il pas couramment après lui et ne doit-il pas appeler un acte de la volonté ? Nous le croyons en effet. Que le premier entraîne sans cesse, en fait, le second, cela est un fait d'expérience que la psychologie positive a érigé en une loi bien connue, en disant que « toute image enveloppe une tendance au mouvement ». Qu'en outre cela soit bon, juste et heureux, il n'en faut point douter : la tendance de l'homme à améliorer son sort et celui de ses semblables est le principe même de la vie, et cette tendance ne saurait se satisfaire que par l'utilisation incessante des notions et des connaissances acquises. Il est donc rationnel que l'on ne fasse pas simplement « de la science pour la science » ; que toute conquête dans le champ du savoir ait pour conséquence une conquête dans le domaine du mieux-être ; que la lumière qui fait progressivement reculer l'ignorance s'emploie aussi à faire reculer la souffrance, qui pèse sur l'humanité par la fatalité des circonstances ou par la volonté de certains hommes.

Le savant ne devra donc point négliger les applications dont ses connaissances sont susceptibles. Mais il ne devra pas non plus se laisser dominer constamment par le souci de ces applications. Autrement il risquerait de fausser sa science elle-même. En matière sociale, par exemple, les idées qu'il pourrait avoir sur l'excellence, soit de tel régime existant, soit de telles réformes à introduire, et la volonté qu'il aurait de maintenir l'un ou de faire aboutir les autres, risqueraient de fermer ses yeux à l'aperception de certains phénomènes qui contrediraient ses aspirations. Il doit donc se dégager de toute vue pratique au moment où il observe. La bonne règle à suivre pour concilier les deux desiderata en apparence contraires, est simplement celle-ci : ne point songer aux applications tant qu'on fait de la science, mais, quand on a achevé son œuvre scientifique, passer sans retard à l'examen et à la mise en pratique de celles qu'elle peut comporter.

Il résulte de tout cela, en résumé, que la science est logiquement antérieure et au moins théoriquement indépendante de l'art, tandis que l'art dépend d'elle à tous les points de vue. On peut s'attacher à la première en laissant provisoirement dans l'ombre le second, et c'est ce qui nous justifie de traiter d'elle seule dans cet ouvrage.

CHAPITRE X

I et II. *Statique sociale et dynamique sociale. Anatomie sociale et physiologie sociale. Différence de ces deux divisions. Leur rapport.* — III. *Sciences sociales descriptives et sciences sociales comparatives.*

Nous venons de montrer ce qu'est la science en général. Il nous faut maintenant chercher ce que sont les diverses espèces de sciences. Nous nous limiterons, bien entendu, dans cette recherche, à ce qui concerne les sciences sociales.

Le principe qui préside à leur distinction est le suivant. La société peut être envisagée de plusieurs points de vue. Bien que son contenu soit toujours le même, les éléments et les faits qui le constituent forment des séries tout à fait autres, suivant que l'on se place à tel de ces points de vue ou au contraire à tel autre. Nous allons déterminer, dans ce chapitre, l'idée maîtresse qui domine la formation de chacune de ces séries. Nous réserverons pour le suivant l'indication du détail des points qui les constituent et la dénomination particulière des branches de la science auxquelles ressortissent ces différents points.

Auguste Comte a le premier proposé pour les études sociales une division qui mérite de durer. Il les distinguait en statique sociale et en dynamique sociale. La première étudiait les sociétés abstraction faite de leur mouvement. La seconde envisageait ce mouvement lui-même. La statique recherchait les principes de l'ordre, cru immuable pour toutes les sociétés. La dynamique poursuivait la détermination des lois de leur progrès.

Pour justifier sa distinction, Comte montrait qu'elle était déjà adoptée, avec un grand profit, dans les sciences physiques proprement dites. Il ajoutait qu'elle l'était également dans les sciences biologiques, où elle prenait, disait-il, le nom de distinction entre l'anatomie et la physiologie. Il établissait ainsi une double équation, entre les termes statique et anatomie d'une part, entre les termes dynamique et physiologie de l'autre. Malheureusement cette équation était inexacte et le fait que les sociologues postérieurs s'y sont longtemps attachés sur la foi du maître a jeté beaucoup d'embarras et de difficultés dans leur marche.

Sans doute il y a lieu de distinguer entre une anatomie sociale et une physiologie sociale. L'emploi de ces termes se justifie par cela même que la société est un être réel et vivant, comparable dans une certaine mesure aux organismes individuels et pouvant être étudié par des procédés analogues à ceux qui s'appliquent à l'examen de ces derniers. Bien entendu, l'anatomie sociale et la physiologie sociale ne se confondent pas avec l'anatomie organique et la physiologie organique. Elles s'en distinguent même par des caractères essentiels, ceux précisément qui séparent les sociétés des organismes. Mais elles ont avec ces dernières ce point fondamental commun, que le principe de leur distinction se tire de la même considération générale : l'anatomie sociale, comme l'anatomie individuelle, étudie les structures, c'est-à-dire les éléments de l'ensemble considéré et leur agencement ; la physiologie sociale, comme la physiologie individuelle, étudie les fonctions, c'est-à-dire les activités de ces éléments et les phénomènes qui les manifestent. L'emploi de ces termes d'anatomie et de physiologie sociales se trouve donc justifié. Et il semble qu'il le soit, à certains égards, plus même que celui des termes de statique et de dynamique sociales, puisque les premiers sont empruntés par voie d'analogie aux sciences biologiques, tandis que les autres le sont aux sciences cosmiques, plus éloignées évidemment des sciences sociales que les sciences biologiques elles-mêmes (1).

Mais si la distinction de l'anatomie sociale et de la physiologie sociale a sa raison d'être, et si la distinction de la statique sociale et de la dynamique sociale a la sienne également, il faut bien se garder de croire que ces deux distinctions se confondent. Chaque fois qu'on a voulu les assimiler d'un peu près l'une à l'autre, on s'est heurté à des impossibilités évidentes. On a dû reconnaître que la physiologie n'est point la même chose que la dynamique. La physiologie, en effet, c'es l'étude de la vie. La dynamique, c'est l'étude de l'évolution. Or la vie et l'évolution, si étroit que soit leur

(1) En outre, en ce qui concerne la terminologie, le nom de dynamique ne paraît pas bien choisi. C'est en effet le terme de cinématique qui s'oppose le plus correctement à celui de statique.

lien, ne font pas qu'un. L'évolution résulte de la vie,
mais logiquement il y a vie avant qu'il y ait évolution.
Si donc on prend la statique et la dynamique au sens
d'Auguste Comte, on doit reconnaître qu'il y a matière
à une physiologie avant même qu'il y ait matière à une
dynamique, c'est-à-dire qu'une partie de la physiologie
rentre dans la statique. Aussi Littré, l'un des plus
illustres disciples de Comte, était-il déjà amené à distinguer deux parties dans la physiologie, parties auxquelles il donnait respectivement les noms de physiologie d'entretien et de physiologie d'accroissement ; la
première était une physiologie statique, la seconde une
physiologie dynamique. Pareillement, un très distingué
sociologue américain, M. Lester F. Ward, l'auteur de
la *Sociologie dynamique* et des *Facteurs psychiques
de la civilisation*, qui s'inspire aussi du même maître,
ayant à s'expliquer sur la place de la psychologie dans
la classification des sciences sociales, a dit que la
psychologie appartient à la statique, sauf en tant
qu'elle mène au progrès, côté par lequel elle relève de
la dynamique. Or la psychologie fait évidemment
partie de la physiologie, en entendant ce dernier mot
au sens large, au sens où nous le prenons ici, comme
synonyme d'étude des fonctions. C'est donc, encore une
fois, que la physiologie ne coïncide point avec la dynamique, puisque cette dernière laisse hors de son domaine une très grande partie de la psychologie, que la
première embrasse tout entière.

Voilà donc établie une discordance très nette. Il en
est une autre encore. L'anatomie sociale ne coïncide pas
davantage avec la statique sociale. Car l'anatomie,
c'est l'étude des structures. Or les structures sociales,
comme d'ailleurs les structures organiques et plus

encore que celles-ci, sont fort loin d'être immuables. Au contraire, elles se trouvent en voie de perpétuel devenir. Sans cesse, les éléments de la société sont remplacés par d'autres, leurs positions respectives se modifient, leur arrangement change, les groupes qu'ils constituent se transforment. Il est donc impossible que leur étude appartienne tout entière à la statique, puisque celle-ci exclut la considération du mouvement. L'anatomie sociale, si elle a une partie de son champ commun avec la statique, en a donc aussi une autre qui relève de la dynamique. Et dès lors il faut de toute nécessité renoncer à la double équation posée par Comte entre la statique et l'anatomie, et entre la dynamique et la physiologie, en ce qui regarde les matières sociales.

Après avoir un instant partagé sur ce point l'erreur générale, nous l'avons vue peu à peu se dissiper dans notre esprit sous l'influence de réflexions plus approfondies. Et nous nous sommes efforcé par la suite de la dissiper aussi chez autrui. La Société de Sociologie de Paris ayant mis à son ordre du jour la question des rapports entre la statique et la dynamique sociales, nous avons saisi cette occasion d'exposer nos vues à cet égard (1) et nous avons eu la satisfaction de les faire partager par nombre de nos collègues. Des disciples de Comte, comme le président de cette Société, M. Adolphe Coste, s'y sont rangés. Un peu plus tard, au quatrième congrès de l'Institut International de Sociologie, nous avons entendu M. Lester Ward s'y rallier (2). Nous avons pu les rappeler à une nouvelle séance de la Société de Sociologie de Paris, dans un

(1) *Revue Internationale de Sociologie*, n° de juin 1899.
(2) *Annales de l'Institut International de Sociologie*, t. VII, p. 183.

·débat relatif aux facteurs de l'évolution sociale, sans rencontrer de contradicteur (1). Nous allons maintenant en donner un résumé synthétique.

II

Pour bien comprendre la vraie valeur de la double division dont nous venons de parler, il faut tout d'abord reconnaître qu'elle est purement subjective. La réalité sociale, pas plus que la réalité cosmique ou biologique, n'est divisée en tranches hétérogènes. C'est l'esprit qui, en l'étudiant, y établit des divisions. Il est forcé de le faire par son inaptitude congénitale à embrasser d'un seul regard le monde tout entier. Il se place donc, pour l'examiner, à plusieurs points de vue successifs, de chacun desquels il en aperçoit une partie. Et de là naissent les divisions qu'il introduit dans la science.

Le monde social évolue sans cesse. Mais l'esprit ne saurait dès le début le suivre à travers son étonnante mobilité. Il lui faut prendre un point de départ fixe, auquel il puisse se reporter de temps à autre pour mesurer le chemin parcouru. Voilà pourquoi il envisage d'abord la société à un moment donné, en l'étudiant telle qu'elle se présente à ce moment-là dans la complexité de sa structure et de son fonctionnement. Après cela, il pourra suivre d'un œil plus assuré les transformations qu'elle va subir à partir de cet instant dans

(1) *Revue Internationale de Sociologie*, n° de mai 1902.

tout ce qui la constitue. C'est ainsi qu'il fera tour à tour de la statique et de la dynamique. Mais cette division ne répond à rien de réel. Dans la nature il n'y a point de repos. A aucun instant le mouvement de la société ne s'arrête. A peine l'avons-nous envisagée, qu'elle est déjà tout autre. Quand nous décrivons tour à tour ses diverses parties, les observations que nous avons faites sur elles ne sont pas rigoureusement simultanées : nous n'atteignons donc jamais la précision statique absolue. Le sociologue, a-t-on dit, opère un peu comme un photographe qui, voulant donner l'image d'une course de chevaux par exemple, prend une série d'instantanés. Chacun de ceux-ci est un tableau statique, et leur ensemble forme une série dynamique. Cette comparaison fait assez bien comprendre ce qu'il y a d'artificiel, de forcément artificiel, dans le procédé par lequel le sociologue découpe l'histoire sociale en tableaux successifs. Encore fait-elle quelque illusion sur la valeur de son procédé, puisque, comme nous venons de le montrer, il n'a pas la possibilité de prendre de véritables instantanés, embrassant réellement à un moment donné toutes les parties du champ qu'il cherche dans son image à reproduire.

La division de nos études en anatomie sociale et en physiologie sociale paraît toucher de plus près au fond des choses. Pourtant, ici encore, se reconnaît le caractère, tout « abstractif » si l'on peut ainsi dire, des procédés de l'esprit. Cette division, en effet, dérive de la distinction des structures et des fonctions. Mais cette dernière distinction a-t-elle bien une valeur objective ? Dans la réalité, ces deux choses, structures et fonctions, sont inséparables l'une de l'autre. Il n'y a naturellement pas de fonctions sans structures, puisque les phénomènes sociaux, dont les fonctions sont l'ensemble, dérivent du jeu des éléments sociaux, dont les structures sont l'agencement. Mais il n'y a pas davantage de structures sans fonctions, car les éléments qui entrent dans ces structures exercent nécessairement les uns sur les autres des actions et des réactions qui justement constituent les fonctions sociales. Les éléments sociaux existent et agissent en même temps, et leur action constitue leur existence même ; pour eux, suivant la formule de Berkeley, « *esse est operari* ». Il n'est donc légitime de distinguer structures et fonctions que pour la commodité de l'étude et à la condition de ne jamais oublier qu'aucune séparation radicale n'existe dans la nature entre ces deux ordres. La distinction de l'anatomie et de la physiologie, comme celle de la statique et de la dynamique, n'existe ainsi vraiment que par, pour et dans notre esprit.

Cela posé, il devient plus facile de comprendre comment ces deux distinctions peuvent se combiner. Quand on leur attribue une valeur objective, on est porté à les faire coïncider, car on ne comprendrait pas que la nature pût être divisée de deux façons hétérogènes ; mais cela mène, nous l'avons montré, à des impossibilités. Quand au contraire on se résigne à ne leur reconnaître qu'une valeur subjective, on comprend qu'elles puissent dériver de deux points de vue tout différents, l'un aussi légitime que l'autre et dont aucun ne doit exclure l'autre. De chacun de ces deux points de vue, on aperçoit toute la réalité sociale, mais naturellement sous un angle particulier. Du premier, on voit la société au repos, puis en mouvement. Du second, on aperçoit ses formes, puis ses fonctions. Et ces deux façons de considérer les choses, loin de se contrarier, se complètent en vérité l'une l'autre. En effet, dans la société vue au repos, à un moment donné, il y a des structures, mais il s'exerce aussi des fonctions ; puis, dans la société envisagée à travers le temps, on sent ces structures se modifier, mais on voit aussi ces fonctions subir des transformations. Ainsi, quand on se place au point de vue du temps, dans la dynamique comme dans la statique, on trouve et une anatomie et une physiologie. Inversement, quand on se place au point de vue du contenu social, on trouve tour à tour des structures et des fonctions ; mais ces structures, on les aperçoit d'abord telles qu'elles sont à l'instant où l'on commence l'observation, puis on assiste à leur évolution ; et pareillement, ces fonctions, on constate qu'elles s'accomplissent primitivement de telle manière, et postérieurement de telle autre. Donc, en regardant les choses sous cet angle, dans la physiologie comme dans l'anatomie, on découvre et une statique et une dynamique. La meilleure manière de représenter les rapports de nos deux divisions nous paraît être de les figurer sous l'aspect d'une table à double entrée, comme celle-ci :

		Point de vue du contenu social	
		Anatomie.	Physiologie.
Point de vue du temps	Statique.	Structures à un moment donné (statique anatomique ou anatomie statique)	Fonctions à un moment donné (statique physiologique ou physiologie statique).
	Dynamique.	Structures dans leur évolution (dynamique anatomique ou anatom. dynamique)	Fonctions dans leur évolution (dynamique physiologique ou physiol. dynamique)

Ce tableau met en lumière, si nous ne nous trompons, les enseignements principaux qui doivent résulter de l'étude des rapports entre les deux divisions des sciences sociales dont nous venons de parler. Il montre, d'abord, l'indépendance initiale et l'origine séparée de ces deux divisions. Il rend sensible, ensuite, leur entrecroisement ; elles se partagent un même champ, l'une en longueur, l'autre en largeur, pour ainsi dire ; et de cette disposition résultent quatre subdivisions : la statique anatomique, ou anatomie statique ; la statique physiologique, ou physiologie statique ; la dynamique anatomique, ou anatomie dynamique ; enfin la dynamique physiologique, ou physiologie dynamique. Il fait voir, en outre, l'ordre logique dans lequel ces quatre études doivent être enchaînées les unes aux autres. C'est l'ordre même suivant lequel nous venons de les énumérer. En effet, telle est la série que forment les fractions de la réalité auxquelles chacune d'elles s'attache. Ainsi que nous l'avons vu au chapitre huitième de ce volume, la structure actuelle de la société explique son fonctionnement ; celui-ci réagit sur celle-là et entraîne les transformations ultérieures de cette structure elle-même ; à leur tour, ces dernières amènent des transformations du fonctionnement. Par suite, la logique veut qu'on passe de l'anatomie statique à la physiologie statique, de celle-ci à l'anatomie dynamique, de cette dernière à la physiologie dynamique. Mais la vue de notre tableau montre encore que l'on peut, à la rigueur, intervertir cet ordre, et cela dans presque tous les sens. Car il n'est, à vrai dire, aucune de ces subdivisions de la science qu'on ne puisse placer en tête de ses études, vu qu'il n'est aucune des fractions de la réalité sociale qui ne commande, d'une certaine manière, toutes les autres. Notamment, au lieu de se placer d'abord au point de vue du temps, en élaborant successivement la statique (anatomique et physiologique) puis la dynamique (anatomique et physiologique), on pourrait tout aussi logiquement commencer par se placer au point de vue du contenu social, en étudiant successivement l'anatomie (statique et dynamique) puis la physiologie (statique et dynamique), en décrivant toutes les structures puis toutes les fonctions, chacune dans son état présent et dans son évolution. Nous verrons du reste bientôt une application de ce principe. Ici nous n'avons voulu qu'établir sa légitimité, en montrant que cette seconde division des études sociales est aussi fondée que celle qui remonte à Auguste Comte et d'ailleurs tout à fait indépendante de celle-ci.

III

Il y a sans doute encore bien d'autres points de vue auxquels on pourrait se placer pour constituer diverses études sociales. Mais entre tous ceux-là, il en est un qui présente, à notre avis, une importance capitale et que par suite nous croyons devoir signaler dès à présent.

L'on peut, en examinant les sociétés, les décrire une à une, passer en revue chacune d'elles isolément. On appliquera alors à chacune, considérée à part de toutes les autres, les modes d'investigation que nous venons d'exposer dans les deux premières sections de ce chapitre. C'est dire qu'on l'envisagera dans l'ensemble de sa structure et dans l'ensemble de ses fonctions, d'abord à un moment donné, puis à travers le temps ; ou bien qu'inversement on décrira chacun des éléments de sa structure aux diverses époques, puis chacune des manifestations de son activité dans ses évolutions successives. Lorsqu'on procède ainsi, on retrace la constitution et la vie particulières de chaque société. Et l'on pourrait pareillement, en poussant plus loin le fractionnement, retracer celles des divers groupements inclus dans la société : familles, communes, associations, partis, etc...

Mais il est une autre façon d'opérer, tout aussi légitime. Les mêmes éléments peuvent être rapprochés d'une manière différente. Au lieu d'étudier successivement les diverses sociétés, chacune dans la complexité de ses structures et de ses fonctions, on peut étudier successivement les diverses structures et fonctions, chacune dans l'ensemble des sociétés qui les présentent. On envisagera alors la population, les éléments non humains de la société, la pensée et le langage, la vie économique, la vie familiale, la vie morale, religieuse, intellectuelle, esthétique, la vie juridique et politique, à travers le temps et l'espace. Chaque nation s'y retrouvera, mais à l'état de dispersion : les fragments de sa constitution et de son activité seront répartis dans les grandes divisions que nous venons d'indiquer. Ce procédé aura donc l'inconvénient de briser l'unité nationale, mais en revanche il aura l'avantage de faciliter, d'imposer même en quelque sorte des comparaisons entre les différentes sociétés, lesquelles pourront être extrêmement fructueuses pour la science.

Il complétera donc de la manière la plus utile le précédent.

Les deux sortes de sciences constituées par l'application des deux procédés ci-dessus indiqués ont, bien entendu, le même contenu, qui est la totalité de la vie sociale. Elles ne se distinguent que par la manière dont elles le distribuent. Chez les premières, les grandes divisions se tirent de la considération des sociétés ; les subdivisions, de celle des structures et des fonctions particulières à ces diverses sociétés. Chez les secondes, au contraire, les grandes divisions se réfèrent chacune à une structure ou à une fonction ; les subdivisions sont fournies par les différentes sociétés où se rencontre cette structure ou cette fonction. On le voit, des unes aux autres, l'arrangement seul diffère.

Qu'il y ait lieu de se livrer tour à tour à ces deux sortes d'études, qu'il y ait profit à essayer successivement ces deux modes de groupement d'éléments identiques, c'est ce que démontre l'exemple des sciences biologiques. Les deux procédés y sont, en effet, également en honneur. Quand on passe successivement en revue les diverses espèces d'êtres vivants, en décrivant pour chacune ses formes et ses fonctions, on fait de la zoologie et de la botanique taxonomiques. Quand on examine séparément chaque structure et chaque fonction, en les suivant chez toutes les espèces qui les présentent, on fait de l'anatomie et de la physiologie comparées. De ces deux sortes d'études, la première paraît plus propice à l'établissement des classifications, la seconde à la découverte des lois. Toutes deux rendent leurs services. Pourquoi n'en serait-il pas de même dans le domaine social ? L'expérience d'ailleurs a prouvé que, ici aussi, les deux peuvent être utilement poursuivies.

Mais peuvent-elles l'être parallèlement, simultanément ? Un ordre d'antériorité n'existe-t-il pas entre elles ? Nous serions assez porté à le croire. A notre sens, c'est par la description des sociétés qu'il faut commencer. Car la véritable unité, dans notre domaine, est l'unité nationale, et c'est elle qu'il faut envisager tout d'abord. Pour bien comprendre une institution d'un pays, il faut la voir dans son cadre naturel, c'est-à-dire qu'il faut la rapprocher de tout ce qu'on sait de ce même pays. Sans doute il est excellent aussi de la rapprocher des institutions analogues existant ailleurs, pour saisir sa genèse, pour juger sa valeur. Mais la connexion nous paraît plus fondamentale encore entre elle et le reste de l'organisation de son pays. Nous estimons donc que le procédé d'investigation et de groupement que nous avons placé tout à l'heure le premier possède en effet sur l'autre une antériorité logique. C'est par lui que doivent se faire les premières recherches. Seulement leur résultat pourra être immédiatement utilisé comme élément des synthèses constituées suivant le second procédé. Et même il pourra se faire que des hommes d'étude, se consacrant uniquement à l'emploi de ce dernier, fassent avec lui des recherches originales qui amènent la découverte de nouveaux faits dont profiteront à leur tour les auteurs qui s'attachent à la description des sociétés isolées.

Quels noms donner, maintenant, aux deux groupes de sciences sociales constituées par l'usage de ces deux procédés ? Avouons-le, aucun de ceux auxquels nous avons songé ne nous satisfait complètement. Nous avions pensé appeler les premières, sciences sociales

concrètes, et les secondes, sciences sociales abstraites,
parce que les unes étudient les sociétés comme des
touts concrets, tandis que les secondes envisagent à
part, abstraitement, telle de leurs structures, puis telle
de leurs fonctions. Mais ces noms sont défectueux. Les
premières doivent bien aussi isoler, c'est-à-dire abs-
traire, chaque société de toutes les autres : l'abstraction
n'est-elle pas le procédé général de l'esprit dans toutes
ses recherches? n'est-il pas contraint sans cesse d'isoler
un objet de son ambiance pous l'étudier complètement ?
Et d'autre part les secondes n'opèrent-elles pas, elles
aussi, d'une façon toute positive, très près des faits,
de la réalité concrète? Il nous avait semblé aussi qu'on
eût pu donner aux premières le nom de sciences sociales particulières, aux secondes celui de sciences
sociales générales. Mais ces termes n'eussent peut-être
pas rendu très correctement, au point de vue gramma-
tical, notre pensée. Il eût fallu, pour cela, dire : les
sciences sociales du particulier, les sciences sociales
du général. Or, un usage invétéré donne le nom
de sciences sociales particulières (pour les opposer
à la sociologie générale) à des études telles que la
science économique ou l'histoire des religions, qui sont
justement de celles qui portent sur le général. Force
nous est donc de renoncer aussi à ces appellations. En
définitive, nous adopterons celles de sciences sociales
descriptives et de sciences sociales comparatives, dont
nous apercevons aussi les inconvénients, mais qui du
moins nous paraissent exprimer correctement la différence des deux procédés que nous avons voulu faire
connaître : la revue des sociétés isolées d'une part, et le
rapprochement de leurs structures et fonctions, de
l'autre.

Et maintenant que nous avons déterminé les divers points de vue auxquels on peut se placer pour constituer les sciences sociales, points de vue statique ou dynamique, anatomique ou physiologique, descriptif ou comparatif, nous avons en main les éléments nécessaires pour dresser le tableau complet de ces sciences.

CHAPITRE XI

TABLEAU DES SCIENCES SOCIALES

I. *Énumération des sciences sociales véritables.* —
II. *De quelques prétendues sciences sociales.* —
III. *Liste des arts sociaux.*

I

Nous connaissons, par la seconde partie de cette
étude, le contenu de la société. Nous avons vu d'autre
part dans le précédent chapitre à quels points de vue
divers on peut se placer pour l'examiner. De l'application de ces points de vue à ce contenu va résulter, tout
naturellement, le tableau des sciences sociales particulières.

Loin d'être exclusifs les uns des autres, ces points
de vue, nous l'avons indiqué, peuvent se concilier en
se superposant. En prenant chacun d'entre eux comme
principe des grandes divisions de l'étude sociale, on
peut et même on doit prendre les autres comme principes des divisions subordonnées. De la sorte, on pourrait dresser ce tableau de plusieurs façons, en adoptant
tour à tour l'un ou l'autre comme dominateur. Mais il
nous paraît plus rationnel de choisir entre eux à cet
égard, et nous considérons que le choix doit tomber de

préférence sur le dernier point de vue dont nous ayons parlé. Ce choix, qui subordonne les deux autres points de vue examinés antérieurement, a l'avantage de respecter les formations qui se sont produites spontanément dans notre domaine, d'être conforme au mode suivant lequel les sciences sociales ont d'elles-mêmes commencé à se constituer.

Appliquant donc ce principe, nous trouvons que la division la plus générale des sciences sociales est celle qui distingue des sciences sociales descriptives et des sciences sociales comparatives. La première série comprend : l'histoire des diverses nations ; celle des groupes fondés sur la parenté, familles, tribus, races, etc... ; celle des groupes fondés sur le voisinage dans l'espace, communes urbaines et rurales, cantons, arrondissements et départements, provinces, etc.... ; celle des groupes fondés sur la communauté d'occupation, corporations, confréries, professions libres, fonctions publiques, etc... ; celle des groupes fondés sur le niveau social, castes, classes, ordres, etc... ; celle des groupes fondés sur des affinités mentales, sociétés d'affaires, associations intellectuelles, sectes religieuses, partis politiques, etc... L'histoire des nationalités est, à première vue, la plus importante ; mais l'histoire des collectivités moins étendues, qui a déjà provoqué tant d'excellentes monographies, a également sa place marquée dans la science. Dans l'une comme dans l'autre, d'ailleurs, on doit faire usage des deux points de vue subordonnés à celui qui domine toute la classification : celui du contenu social et celui du temps. Par exemple, quand on décrit une société, on doit en relever tour à tour les divers éléments (humains et non humains) et les diverses activités (économique, familiale, morale, religieuse, intellectuelle, esthétique, juridique et politique). On les envisage à un moment donné, pris comme point de départ, puis on les suit dans leur évolution ultérieure. On fait ainsi l'anatomie et la physiologie, la statique et la dynamique de la société considérée.

Vient ensuite la seconde série de nos sciences : celle des sciences sociales comparatives. Cette fois, ce ne sont plus les nations qu'on va envisager tour à tour, ce sont leurs structures et fonctions. On construira donc tout d'abord l'anatomie comparée des sociétés ; celle-ci embrasse deux parties : la démographie comparée, ou étude des éléments humains des sociétés, envisagés dans leur nombre, leur état civil, leur constitution, leur distribution, leurs groupements ; et la géographie sociale comparée, étude des éléments non humains des sociétés, du milieu cosmique, tellurique et organique dans lequel elles se développent. L'une et l'autre de ces sciences passe en revue les différentes sociétés et les suit, depuis un moment donné, à travers toute la durée. Ensuite on en arrivera à constituer, d'après les mêmes principes, la physiologie comparée des sociétés. Celle-ci renfermera autant de sciences distinctes qu'il existe de fonctions sociales différentes. Aux faits bio-sociaux, la pensée et le langage, répondront la psychologie comparée et la philologie comparée. Aux faits proprement sociaux s'attacheront : la science économique, laquelle est à vrai dire l'histoire comparée des phénomènes économiques ; la science familiale ou histoire comparée de la famille ; les histoires comparées des faits moraux, religieux, intellectuels, esthétiques, qu'on peut dénommer (à condition de mettre en garde contre les confusions possibles avec les arts correspondants) la science des mœurs ou science morale, la science des religions ou science religieuse, la science de l'intellect, la science des beaux-arts ; enfin l'histoire comparée des faits juridiques et celle des faits politiques, auxquelles reviennent l'appellation de science du droit ou science juridique et celle de science politique. Ici, comme on le voit, le principe de la division est tiré de la distinction des fonctions sociales. Quant aux subdivisions, elles découleront naturellement de la distinction entre les sociétés chez lesquelles l'exercice de ces fonctions sera décrit, et même entre les groupements moins étendus, jusqu'auxquels il y aura intérêt à pousser cet examen (1). Et cette fois encore, la considération du temps interviendra elle aussi : le mode d'exercice de ces fonctions changeant sans cesse, la science devra chercher à découvrir les règles de son évolution.

En somme, dans notre conception, les deux catégories des sciences sociales, descriptives et comparatives, ne sont l'une et l'autre que la mise en ordre, suivant deux procédés différents mais complémentaires, des données fournies par l'observation, aussi large que possible, du passé et du présent social ; elles correspondent à deux types d' « organisation scientifique de l'histoire » (2). Elles ont, ce nous semble, exactement les mêmes droits l'une que l'autre à prétendre arriver à la précision et à la portée qui caractérisent les sciences véritables. Il est vrai qu'on est plus habitué à donner

(1) Car la vie économique, par exemple, ne s'exerce pas de la même façon dans toutes les parties d'une société : il faudra avoir soin, à cet égard, de relever les différences existant entre les familles, localités, professions, classes, etc...

(2) Voir notre étude qui porte ce titre.

ce nom à celles de la seconde catégorie (bien que plusieurs soient encore dans l'enfance) qu'à celles de la première. Personne ne conteste à la démographie comparée, à la science des institutions économiques, à la science religieuse, ce caractère, tandis que plusieurs esprits ne voient dans l'histoire des nationalités qu'un simple amas de documents. Il semble 'qu'à leurs yeux celle-ci soit à l'état chaotique, tandis que celles-là sont déjà à l'état organique, ce qui constituerait pour elles une évidente prérogative et un droit exclusif au titre de sciences. Nous ne saurions partager cette manière de voir. Sans doute, nous avons dit nous-même que c'est d'ordinaire avec les matériaux fournis par l'histoire analytique des nationalités ou celle des groupements subordonnés que se construisent les tableaux synthétiques qui constituent les sciences comparatives. Mais cela ne saurait mettre entre ces analyses et ces synthèses une différence de nature. En effet, d'une part, ces synthèses ne sont malheureusement pas fort avancées encore : il s'en faut de beaucoup qu'elles nous aient dès à présent conduit à un ensemble de lois positives et bien établies sur la constitution, la vie et l'évolution comparatives des sociétés. Et d'autre part, ces analyses sont souvent faites très scientifiquement, avec les procédés d'investigation les plus minutieux et les plus conformes aux exigences de la saine critique. Lorsqu'elles ont quelque étendue et quelque profondeur, elles montrent le lien de l'objet auquel elles s'attachent avec tout ce qui constitue, autour de lui, l'ensemble de l'existence nationale; elles indiquent donc les causes des phénomènes qu'elles décrivent, et elles rangent ceux-ci en des séries logiquement ordonnées ; elles font, par elles-mêmes, œuvre explicative. Nous croyons par suite que c'est à bon droit qu'elles peuvent revendiquer, elles aussi, le titre enviable de sciences, d'autant que les synthèses comparatives, auxquelles on accorde sans difficulté ce titre, ne peuvent valoir plus que ne valent les analyses sur lesquelles elles s'appuient.

La vérité nous paraît être, en somme, que, dans l'ensemble des sciences sociales, ni les recherches descriptives ni les recherches comparatives ne sont encore fort près de leur perfection, mais que les unes comme les autres sont déjà entrées dans le droit chemin, qu'elles y marchent aujourd'hui avec résolution et ardeur, et que, si, forcément, elles sont devancées d'assez loin par les sciences dont l'objet est moins complexe (sciences cosmiques et biologiques), on peut pourtant dire dès maintenant qu'elles sont en route pour les rejoindre.

II

La liste des sciences sociales que nous venons de dresser pourra paraître incomplète à quelques égards. Nous voudrions justifier ici les omissions intentionnelles qu'on y relèverait.

On s'étonnera peut-être tout d'abord de n'y pas voir figurer la statistique, c'est-à-dire l'étude numérique des phénomènes sociaux. La raison en est que la statistique ne constitue point une science proprement dite, mais bien une méthode. Elle n'est pas une science, car à toute science il faut un objet particulier, et la statistique n'en a pas de semblable. Elle peut, en effet, s'appliquer indistinctement à n'importe quel ordre d'éléments ou de faits sociaux, ou même non sociaux : on peut dénombrer des sommes et des produits, des actes économiques (faits de circulation par exemple), domestiques (mariages, etc.), moraux (suicides, etc.), religieux (cérémonies du culte, etc.), juridiques (procès civils, poursuites répressives), politiques (votes électoraux), tout comme on peut dénombrer les gouttes de sang d'un animal, les feuilles d'une plante ou les pulsations d'un cœur, voire même les éléments d'un composé minéral ou d'un système stellaire. Elle n'a donc point d'objet qui soit spécifiquement le sien. Elle est un moyen d'étude utile et même souvent nécessaire pour beaucoup de faits sociaux, un des procédés méthodologiques les plus fructueux auxquels puissent recourir les diverses sciences sociales. C'est donc dans le second volume de cet ouvrage, quand nous traiterons de la méthode, qu'elle aura sa place toute marquée.

Ce qui fait souvent illusion sur la véritable nature de la statistique, c'est l'idée trop répandue que la démographie en serait une branche. La démographie, elle, est proprement une science, car elle a un objet distinct, la population. De tous les procédés méthodologiques qu'elle a à sa disposition, c'est le procédé statistique qu'elle emploie le plus volontiers et le plus fructueusement : les recensements de la population, qui se font fréquemment dans les grands États modernes, sont sa meilleure source d'information. Les données statistiques tenant chez elle la plus grande place, cela a fait penser qu'elle relève de la statistique, qu'elle est une partie de la statistique ; on a alors conçu la statistique comme une vaste science dont la démographie serait la fraction la plus avancée. Mais c'est là une erreur palpable : loin de dépendre de la statistique, c'est au contraire la démographie qui, si l'on peut ainsi parler, emploie la statistique à son service. Et toutes les autres sciences sociales l'emploient également, avec plus ou moins de succès, suivant que la nature propre de leur objet particulier (comme nous l'expliquerons plus complètement dans notre second volume) comporte plus ou moins l'application précise du mode d'investigation arithmétique qu'est le dénombrement (1).

D'un autre côté, on nous demandera peut-être aussi pourquoi nous n'avons pas compris l'ethnographie au nombre des sciences sociales. L'ethnographie est la description des peuples et des races, comme l'étymologie de son nom l'indique. Mais, s'il en est ainsi, on voit sans peine que la question tombe. Toutes nos sciences sociales descriptives ne sont pas autre chose que cette étude des peuples et des races. Le contenu de l'ethnographie y est donc inclus tout entier. Reste, il est vrai, en dehors de ce contenu, à envisager la méthode par laquelle il est obtenu, et c'est souvent à celle-ci, à la méthode d'investigation pratiquée par les voyageurs qui vont sur des terres lointaines visiter des peuples sauvages, qu'on donne le nom d'ethnographie. Mais, ainsi entendue, l'ethnographie n'est plus qu'un procédé de recherche : le procédé applicable aux sociétés éloignées de nous dans l'espace. L'étude de ce procédé se placera elle aussi, tout naturellement, dans le volume que nous consacrerons à la méthode.

Il en est identiquement de même pour l'histoire. Le

____

(1) A côté de ce procédé, nous retrouverons au même volume celui des monographies et celui des enquêtes, que personne sans doute ne songera à ériger en sciences distinctes.

contenu de l'histoire, les faits historiques, forment la matière même des sciences que nous avons énumérées plus haut. Ce qu'on nomme histoire générale a passé dans nos sciences sociales descriptives ; ce qu'on nomme histoire de la civilisation, dans nos sciences sociales comparatives. Mais, en outre, sous le nom d'histoire, on entend souvent un procédé d'étude particulier : celui qui s'applique aux sociétés éloignées de nous dans le temps. Ainsi comprise, l'histoire est l'ensemble des moyens par lesquels s'utilisent les sources des connaissances que le passé nous a léguées sur lui-même : textes, monuments, inscriptions, monnaies, objets fabriqués, etc., et par lesquels les indications qu'elles nous fournissent sont appréciées et mises en œuvre. Elle contient, comme telle, d'une part la paléographie, l'archéologie, l'épigraphie, la numismatique, etc., d'autre part, la critique historique. Mais naturellement, lorsqu'on l'entend de la sorte, elle n'est plus une science ayant un objet défini, mais seulement un moyen de constituer la science ; et les règles qui la régissent à cet égard, nous les verrons en traitant des méthodes, puisqu'elle se place alors au nombre de ces dernières.

Faut-il maintenant assigner un rang, parmi les sciences morales, à l'anthropologie ? Nous ne le croyons pas. Ce nom désigne un ensemble très complexe d'études. A la Société d'Anthropologie de Paris, qui est l'un des principaux centres de sa culture, on considère généralement que l'anthropologie embrasse toutes les études relatives à l'homme, soit individuel, soit social : elle renfermerait donc à la fois la biologie humaine (anatomie, physiologie, psychologie), et toutes les études sociales. Elle ne pourrait donc entrer comme une fraction dans notre cadre, puisqu'au contraire elle le dépasserait. Que si on lui donne des proportions plus modestes, en voyant en elle la description de l'être humain dans la variété des formes qu'il revêt à travers l'espace et le temps, alors une semblable recherche, à laquelle reviendrait justement le nom d'anthropologie ethnique, peut se classer, sinon parmi les études sociales proprement dites, du moins parmi les études bio-sociales particulières. Elle nous paraît entrer dans la démographie entendue au sens large, celle-ci devant décrire chaque population dans sa structure biologique, avant d'indiquer son nombre, son mouvement et ses groupements.

Reste encore à considérer ce qu'on appelle le folk-lore. C'est l'étude des traditions populaires. Mais celles-ci sont d'ordre très divers : religieuses, morales, politiques, familiales, etc... Leur contenu est donc utilisable, à condition d'être sévèrement contrôlé, par les diverses sciences particulières qui constituent pour nous la physiologie comparée des sociétés. Quant à l'art de les recueillir, critiquer et interpréter, il relève, selon les cas, du procédé ethnographique, s'il s'agit de traditions encore vivantes et en vigueur, ou du procédé historique, si l'on n'en trouve plus la trace que dans des monuments du passé.

Enfin, ce qu'on appelle en Allemagne la « Volks-kunde » ou la « Kulturgeschichte » constitue un ensemble un peu confus, analogue à ce qu'on désigne en France sous le nom d'histoire des civilisations. L'apparition de ces noms et des recherches qu'ils désignent a marqué un progrès : car elle a témoigné de l'intérêt qu'on commençait à prendre aux choses de l'existence populaire, à la vie spontanée du corps collectif, et elle a marqué le commencement de la substitution d'une histoire vraiment sociale à l'histoire purement politique d'autrefois. Mais aujourd'hui nous n'en sommes plus à cette période des débuts. Les idées se sont précisées. Il est temps de rompre avec des dénominations trop larges et qui par là même prêtent à confusion. Il faut rendre aux diverses sciences sociales particulières l'étude de leur contenu propre, en réservant pour la méthodologie sociale l'examen des procédés de recherche qui doivent servir à réunir les éléments de ce contenu.

III

L'étude des arts sociaux sort du cadre que nous avons tracé au présent ouvrage. Néanmoins nous sommes forcément conduit à leur consacrer ici quelques pages. Il arrive très souvent, en effet, qu'ils sont confondus avec les sciences sociales et qu'on les range parmi ces dernières. Pour dissiper ce malentendu, il nous faut donc dire tout au moins quels ils sont, ce qui montrera mieux ce qu'ils ne sont point.

Ce qui facilite la confusion que nous signalons, c'est le fait que le plus souvent il y a correspondance, parallélisme entre une science sociale particulière et un art social particulier. L'un et l'autre ont la même matière, s'appliquent au même ordre de faits sociaux. Seulement la première l'étudie pour le connaître, et le second prétend l'organiser, le réformer. Une analyse insuffisante amène trop souvent ceux qui en parlent à les réunir sous un même vocable, malgré leur hétérogénéité fondamentale.

N'exagérons pourtant point le parallélisme dont nous venons de parler. On le trouve parfaitement réalisé quand il s'agit, en effet, de sciences et d'arts s'appliquant à des *faits* sociaux. Mais déjà il est moins précis lorsqu'on envisage les sciences et les arts relatifs aux éléments sociaux. Et s'il peut encore se soutenir dans ce domaine, qui suppose comme le précédent une vue d'ensemble jetée à travers tout l'espace, il n'existe plus guère lorsqu'on reste dans les vues locales, limitées à un groupe particulier. C'est ce qui va s'expliquer si, reprenant la liste des sciences sociales que nous avons établie dans la première section de ce chapitre, nous cherchons quel art correspond à chacune d'entre elles.

Existe-t-il des arts parallèles aux sciences sociales descriptives? Nous ne sommes pas bien certain qu'on doive l'admettre. Voici par exemple la société française. Son étude donne lieu à une branche de la science, l'histoire de France. Les faits qui constituent celle-ci sont assez distincts de ceux qui forment les histoires d'Angleterre, d'Allemagne, d'Italie, etc., pour qu'on les étudie à part de ces derniers. Mais s'agit-il d'améliorer l'état de choses existant en France? Sans doute, les projets de réforme prendront, eux aussi, un tour particulier; ils ne pourront faire abstraction de la constitution originale, de l'état mental spécial du peuple français; ils auront ainsi un caractère propre, une sorte de cachet national qui les distinguera de tous les projets formés pour d'autres sociétés, et qui se retrouvera, quelle que soit la matière qu'ils envisagent, qu'ils soient d'ordre économique, d'ordre religieux, d'ordre juridique,

d'ordre politique, etc. Seulement, d'un autre côté, ces
projets seront aussi, et tout d'abord, marqués de l'empreinte propre à l'ordre de faits qu'ils voudront réformer :
ils seront avant tout des projets économiques, religieux,
juridiques ou politiques. Et par là ils se rapprocheront
des projets faits sur les mêmes matières pour d'autres
pays, plus sans doute que des projets faits sur d'autres
matières pour leur propre pays. Ils seront économiques
avant que d'être français. Voilà pourquoi il peut
paraître difficile qu'il y ait un art particulier par nation.
Nous reconnaissons volontiers qu'il y a un accent
national particulier que chaque art doit prendre en
s'appliquant à telle société donnée. Mais peut-être est-
ce tout, et la seule division correcte des arts doit-elle
se tirer du genre d'éléments ou de faits auquel ils répondent.

Ce n'est point là, toutefois, une conclusion que nous
donnions comme certaine. Admettant nous-même que
l'art doit descendre jusqu'aux applications particulières pour atteindre sa perfection, nous reconnaissons
volontiers qu'on pourrait, dans des arts correspondant
chacun à un grand ordre de faits sociaux, marquer des
subdivisions tirées de la considération des pays où ces
faits se présentent. D'autre part, même dans la science,
les barrières que cette considération permet de tracer
ne sont pas d'une hauteur ni d'une solidité qui les
rende infranchissables. L'histoire de France, l'histoire
d'Angleterre, l'histoire d'Allemagne, etc., ne peuvent
guère être appelées chacune une science complète. Elles
sont plutôt des formes locales d'une même vaste science,
l'histoire générale, la science sociale descriptive.
Dans l'une comme dans l'autre, il s'agit toujours de
phénomènes économiques, familiaux, moraux, etc. Seu-

lement ils prennent, suivant les nationalités, un caractère plus ou moins différent. Il n'y a donc pas spécificité absolue des faits nationaux au point de vue de la science, et il y a tout au moins spécificité relative pour eux au point de vue de l'art. La différence entre ces deux disciplines n'est donc ici que de degré et, par suite, l'on pourrait essayer de donner, même sur ce point, les mêmes divisions à l'art qu'à la science. Il existerait donc des branches de l'art social correspondant aux différentes fractions locales de la science sociale descriptive. La division pourrait s'étendre même, après les nations, aux groupements sociaux subordonnés, car il y a une façon spéciale de conduire, non seulement chaque sorte de groupement (les syndicats ouvriers, les cercles mondains, etc.), mais même chaque groupement particulier (tel syndicat, tel cercle). Nous avouons toutefois que les raisons que nous avons exposées, il y a un instant, nous paraissent assez fortes pour que nous ne veuillons pas affirmer le droit à l'existence distincte des arts locaux. La question de savoir s'ils sont bien des arts, ou seulement des « nuances d'arts », pour ainsi parler, reste à nos yeux une question ouverte.

Lorsqu'on passe aux sciences sociales comparatives, le parallélisme avec les arts sociaux devient beaucoup plus frappant. Mais il faut s'entendre immédiatement. L'art a pour but d'organiser, de guider l'action. Or, l'action s'exerce par le moyen de faits. L'art régit donc des faits. Par suite, c'est aux sciences qui portent sur les faits, sur les fonctions, qu'il correspond directement. Quant aux éléments, quant aux structures, il ne les touche qu'indirectement, en tant que leur modification s'opère par le jeu des faits et des fonctions. On ne saurait donc, *a priori*, s'attendre à trouver la concordance entre les arts sociaux et les sciences sociales comparatives, aussi rigoureuse quand on parle des sciences anatomiques que quand on envisage les sciences physiologiques.

Voyons d'abord ce qui en est pour les premières. Nous savons que cette division comprend la démographie comparée et la géographie sociale comparée. A la démographie répond, mais pour partie seulement, un art social particulier : l'hygiène publique. Celui-ci est en effet l'art de préserver la population contre nombre de fléaux collectifs qui peuvent l'atteindre et, par suite, d'accroître sa natalité, d'améliorer sa nuptialité, de restreindre sa morbidité, de retarder l'échéance de sa mortalité. Quant à toutes les autres mesures à prendre en ce qui concerne la population, telles que les faveurs aux familles nombreuses, les règlements sur l'immigration, sur l'émigration, sur les migrations intérieures, etc., elles relèvent, à notre sens, de l'art politique. La géographie comparée, de son côté, traite du milieu dans lequel vit la société humaine. Ce milieu se compose d'éléments non humains, les uns inorganiques, les autres organiques. Il existe, bien entendu, une foule d'arts qui agissent sur ces éléments. Mais ces arts correspondent aux sciences qui traitent de ces éléments, sciences cosmiques et inorganiques. Ces éléments n'étant sociaux que par un côté restreint de leur nature, ces arts ne le sont, par suite, que dans la même mesure limitée. Citons, parmi eux, l'art de l'ingénieur, celui de l'architecte, les industries du vêtement, de la parure, l'ensemble des travaux extractifs et manufacturiers ou « machino-facturiers », d'une part ; de l'autre, les arts de la culture végétale et de l'élevage

animal, avec leurs nombreuses divisions. Il n'y a point
à en donner ici le tableau complet, puisqu'ils ne relèvent
pas uniquement ni même principalement de la technique
sociale.

Il en est autrement lorsque nous envisageons les
sciences relatives aux faits sociaux. C'est ici qu'on
peut vraiment dire qu'à chacune correspond un art, une
technique sociale particulière. Cela s'annonce déjà pour
les faits bio-sociaux. A la psychologie répondent, comme
arts, la pédagogie qui forme [l'esprit des enfants, et la
rhétorique dans son sens le plus large, qui développe
l'esprit des adultes par le discours, le livre ou le journal (1). A la philologie répond de son côté la grammaire.
Et cela se précise, s'il est possible, encore davantage,
quand il s'agit des faits proprement sociaux. On peut
ici placer en regard les uns des autres, dans un parallélisme continu et parfait :

1° La science économique et l'art économique, celle-
là montrant comment les richesses se forment, circulent,
se distribuent, se consomment naturellement, celui-ci
indiquant comment on peut agir sur ces divers phénomènes pour les modifier suivant tel ou tel idéal ;

2° La science de la famille et l'art de la famille (que
justement les Anciens appelaient « l'économique », l'art
de conduire sa maison) ;

3° La science des mœurs et l'art moral, l'art de la
moralisation ;

4° La science des religions et l'art religieux, l'art de
formuler les dogmes et de les faire accepter ;

(1) Ce sens large du mot rhétorique a été indiqué par
M. G. Tarde, dans son livre : *L'opinion et la foule*, où il montre
bien la différence de la rhétorique moderne avec la rhétorique
ancienne.

5º La science de l'intellect et l'art de l'intellect, la logique pure et appliquée ;

6º La science des beaux-arts, connaissance des chefs-d'œuvre existants, et ce qu'on nomme la « théorie » des beaux-arts, ensemble de préceptes pour en produire de nouveaux ;

7º La science juridique, ou histoire du droit, et l'art juridique, qui comprend l'art de faire des lois (art du législateur), celui de les interpréter (art du jurisconsulte), et celui de les appliquer (art du juge) ;

8º Enfin la science politique, ou histoire des constitutions, et l'art politique, qui entend donner les moyens d'arriver au pouvoir, de s'y maintenir et de gouverner les hommes.

D'un côté donc, toutes les études sur les faits du passé et du présent ; de l'autre, tous les systèmes en vue d'organiser l'avenir. Celles-là seules sont des sciences ; ceux-ci rentrent dans un ensemble tout différent. Et ce n'est qu'en éliminant soigneusement tout ce qui lui ressortit, qu'on peut dresser une liste des sciences sociales qui ne dépasse pas en extension son objet véritable.

CHAPITRE XII

**RAPPORTS DES SCIENCES SOCIALES ENTRE ELLES ET AVEC
LES AUTRES SCIENCES**

I. *Nécessité d'associer dans la recherche les diverses
sciences sociales.* — II. *Impossibilité d'une science
sociale unique.* — III. *La sociologie générale : son
rôle synthétique en face des sciences sociales particulières.* — IV. *Relations des sciences sociales avec
les sciences physiques et naturelles, et de la sociologie avec la cosmologie et la biologie.* — V. *Relations de la sociologie avec la philosophie générale.*

I

La classification qui vient d'être élaborée nous a mis
en présence d'une multiplicité de sciences sociales. Chacune d'elles ayant vu déterminer son objet et ayant reçu
son nom, nous devons maintenant nous demander quelles relations elles soutiennent entre elles.

La solution de cette question dépend de celle d'un autre problème logiquement antérieur : celui des rapports
qu'ont entre eux les divers ordres de faits sociaux. Car
ces divers ordres sont les objets des diverses sciences
sociales, et il est évident que l'orientation à prendre par

ces sciences doit dériver de la nature de leurs objets. Or nous avons déjà examiné, au chapitre septième de ce volume, les rapports des phénomènes sociaux. Nous avons indiqué que, à notre sens, leur distinction est toute subjective, correspond seulement à un besoin d'analyse qui est dans notre esprit ; que dans la nature tous ces ordres sont liés et indissolublement unis ; qu'à vrai dire ils ne représentent chacun qu'une face de la réalité objective. S'il en est ainsi, on comprend sans peine que, pour nous, la division des sciences sociales ne puisse présenter une valeur absolue. Sans doute elle est légitime, parce qu'elle sert à satisfaire une nécessité de l'étude, celle de sérier les questions, d'isoler les faits pour pouvoir envisager plus complètement chacun d'eux. Mais elle ne saurait être que provisoire. Après l'analyse, doit venir la synthèse. Quand chaque ordre de faits a été décrit séparément, tous ces ordres doivent être rapprochés pour que la vérité complète apparaisse. En d'autres termes, chaque question sociale a sa face économique, sa face domestique, sa face morale, sa face politique, etc… ; et on ne peut en donner la solution intégrale qu'après avoir examiné tour à tour ces différentes faces. Il y a même plus : ces examens ne peuvent pas être purement successifs ; ils doivent être, au moins dans une certaine mesure, concomitants. Ces faces différentes, en effet, appartiennent toutes à un même objet : la configuration de chacune d'elles dépend donc, dans une certaine mesure, de celle de toutes les autres. Aussi, même dans l'étude particulière de chacune, faut-il tenir compte de ce que les autres présentent. Dans la recherche économique doivent donc trouver place des considérations morales, juridiques, etc. Dans la science morale, les faits économiques, politiques ou autres ne sauraient être oubliés. Et on en doit dire autant de toutes les sciences sociales particulières.

C'est même une vérité qu'on ne peut trop rappeler. Car elle a été souvent méconnue. Des économistes, par exemple, se sont imaginé qu'ils pouvaient construire leur science sur des principes uniquement économiques et en faisant abstraction de toute autre donnée sociale. L'intérêt individuel était pris par eux pour seul moteur de l'activité humaine, le désir de la richesse pour seul facteur de l'évolution, et sur ce postulat ils échafaudaient leur système. Ils ne niaient pas, sans doute, qu'il pût y avoir d'autres impulsions en jeu dans la société ; mais ils déclaraient ne point avoir personnellement à s'en occuper. Ils n'envisageaient l'homme que sous son aspect « chrématistique » ; ils ne voulaient connaître de lui que ce qu'on appelait « l'homme économique ». Ils mutilaient ainsi leur propre science et ils la faussaient. Leurs exagérations, qui conduisaient d'ailleurs dans l'art social à des applications regrettables, à un oubli choquant des devoirs éthiques, ont été pour beaucoup dans le discrédit qui a atteint les principes de l'école économique dite libérale ou classique. Leurs successeurs auraient le plus grand intérêt à en éviter de semblables, et nous constatons avec plaisir qu'en fait ils se gardent aujourd'hui de les reproduire.

Le même avertissement doit être donné, du reste, à d'autres sciences encore. Des études sociales plus récentes que l'économique ont parfois tendance à tomber dans le même travers. On voit, par exemple, certains esprits penser que l'histoire des religions ou l'histoire des arts peuvent se constituer à part de toute autre recherche sociale. C'est là une erreur considérable. La religion et l'art d'un peuple ne se comprennent qu'éclairés à la lumière de sa vie sociale tout entière. Une science qui voudrait les envisager isolément, altérerait leur vraie nature et rendrait incompréhensible leur développement. Il y a donc là un écueil contre lequel il faut soigneusement prémunir les chercheurs, heureusement plus nombreux de jour en jour, qui vont s'adonnant aux curieuses et passionnantes recherches qui les concernent.

II

Ne faut-il pas aller plus loin encore ? Ne devrait-on pas admettre l'unité absolue des études sociales ? Au lieu de parler, comme nous l'avons fait jusqu'à présent, des sciences sociales, ne devrait-on pas plutôt parler de la science sociale, comme d'une discipline une et indivisible ?

Une école le soutient. C'est celle de Le Play, surtout dans celle de ses branches dont le coryphée est M. Edmond Demolins. Cette dernière a pour organe une revue mensuelle qui s'intitule précisément *La Science Sociale*, et cet auteur, dans ses divers et nombreux écrits, déclare toujours qu'il parle au nom de « la science sociale ». Sans rechercher ce qui justifie au fond cette prétention, examinons seulement ici ce que vaut ce vocable.

Disons-le franchement, il ne nous paraît pas heureux. Nous ne croyons pas à la possibilité d'englober sous une même dénomination toutes les recherches de géographie sociale, de démographie, de science économique, d'histoire de la famille, d'histoire de la vie morale, d'histoire des religions, d'histoire des arts, des lettres et des sciences, d'histoire du droit, d'histoire politique. Un homme ne saurait avoir une compétence étendue dans tous ces ordres de sujets à la fois. Le champ est trop vaste et les recherches déjà faites sont trop nombreuses pour que cela soit possible. A l'époque où toutes ces sciences naissaient, peut-être une intelligence bien douée eût-elle pu les embrasser toutes, de même que, dans l'antiquité, une pensée, géniale il est vrai, celle d'Aristote, a su dominer l'intégralité du savoir alors constitué. Mais aujourd'hui chacune de nos études sociales a fait assez de progrès pour remplir de son seul développement de multiples volumes. Peut-être n'y a-t-il déjà plus aucune d'elles qui puisse être possédée en totalité par un homme d'étude unique. Quel est le démographe qui sait tous les chiffres, même généraux, afférents aux diverses populations du globe ? l'économiste qui possède tous les secrets de la circulation monétaire et fiduciaire dans les pays les plus variés ? l'historien des religions qui connaît tous les fétiches, ou l'historien politique qui n'ignore aucun point d'aucune constitution ? Dans ces conditions, puisqu'une seule étude sociale particulière est déjà trop vaste pour un seul esprit, l'ensemble de ces études dépasse évidemment de beaucoup les limites de celui-ci, si puissant ou si pénétrant qu'on veuille le supposer. Une division du travail s'impose donc entre les chercheurs. Chacun d'eux s'adonnera à l'examen d'une fraction particulière du monde social. Et c'est par cette division du travail, complétée évidemment par la collaboration des divers travailleurs, entendue en un sens que nous avons déjà indiqué et sur lequel nous allons revenir, que le progrès s'accomplira. N'est-ce pas d'ailleurs de la sorte, par la même division et la même collaboration fécondes, qu'il s'est toujours accompli dans les autres champs de l'activité humaine ?

Il faut donc conserver la distinction des études sociales, comme une condition essentielle de l'avancement régulier et continu de chacune d'elles. Aussi ne parlerons-nous pas de « la science sociale », mais bien des diverses sciences sociales particulières. Mais naturellement cela ne fait aucun obstacle à ce que nous maintenions tout ce que nous avons dit tout à l'heure sur la nécessité d'une pénétration réciproque de ces études les unes par les autres. Elles se constitueront parallèlement, grâce aux efforts de travailleurs différents. Seulement, d'une part, chacun de ces groupes devra avoir soin d'acquérir quelque connaissance des résultats des recherches faites par tous les autres groupes voisins : car, nous l'avons vu, chaque science sociale particulière a besoin de s'appuyer sur ses différentes « sœurs ». Et d'autre part, il devra exister un dernier groupe distinct de tous les précédents, lequel n'aura pas à prendre pour objet de sa recherche tel ou tel ordre d'éléments ou de phénomènes sociaux particulier, mais suivra de très près les enquêtes faites sur chacun d'eux par les spécialistes et sans cesse en rapprochera les conclusions de celles qui auront été formulées dans les domaines voisins par les autres groupes, de façon à les critiquer, à les rectifier, à les compléter, à les expliquer les unes par les autres, de façon en un mot à constituer, par le rapprochement de ces conclusions partielles, des conclusions d'ensemble sur l'organisation, la vie et l'évolution sociales. Ce groupe sera celui des sociologues proprement dits, et la science à laquelle ils travaillent, distincte de chacune des sciences sociales particulières, quoique s'appuyant sur elles toutes, sera la sociologie.

III

Nous voici donc arrivés en présence de ce terme, qui a soulevé tant de controverses et qui semble encore enveloppé de tant d'obscurités : la sociologie. Il y a peu d'années, on lui refusait souvent droit de cité dans la langue française ; on lui reprochait son origine hybride, latine et grecque à la fois. D'autre part, on y voyait fréquemment un terme connexe à celui de socialisme, ce qui ne laissait pas d'inspirer pour lui une certaine terreur (1) : on disait volontiers que « la sociologie est la science du socialisme » et cette façon de penser était même encouragée par quelques sociologues (2). Heureusement, peu à peu, ces griefs se sont atténués et ces préventions ont disparu, devant la constatation que tout le monde a pu faire de ce qu'il y a de sérieux, de méthodique et de fructueux dans les investigations des sociologues les plus autorisés. On accepte aujourd'hui le vocable sans hésitation ; même il est devenu assez à la mode, pour qu'un certain nombre d'écrivains croient

(1) Voir *M. Léon Say et la sociologie*, par E. de Frisange.
(2) M. Enrico Ferri, par exemple, a écrit : « La sociologie sera socialiste ou elle ne sera pas ». (*Annales de l'Institut International de Sociologie*, tome I, page 167.)

utile d'en parer leurs œuvres, sans que rien les y autorise logiquement. On a reconnu que la sociologie n'est point liée au socialisme, pas plus d'ailleurs qu'à aucun système d'*art* économique ou politique ; qu'elle se tient uniquement dans le domaine de la *science* ; qu'elle est une étude de la réalité sociale, et rien de plus. Mais de quelle manière doit-elle conduire ses travaux ? de quel point de vue envisage-t-elle la réalité ? Là est la question qui demeure litigieuse et sur laquelle l'accord paraît fort difficile à réaliser. Les uns — ce sont, il est vrai, les moins nombreux — conçoivent la sociologie comme étant la totalité des études scientifiques sur les matières sociales : ils tombent dans la même errreur que l'école dite de « la science sociale », dont nous avons parlé en dernier lieu. D'autres reconnaissent à la sociologie un champ plus limité : ils n'y font point entrer ce qui est l'objet propre des sciences sociales particulières ; mais ils pensent que, celles-ci s'adonnant chacune à un ordre spécial de phénomènes, il reste place pour une étude qui s'attacherait à l'essence même des groupes, qui serait proprement la science des collectivités. Nous ne saurions admettre, pour notre part, sans réserves cette définition. « L'essence » des groupes — si l'on ne veut pas y voir un principe métaphysique, dont l'examen ne ressortirait à aucune science — est faite de leur composition et de leur fonctionnement. Or leur composition relève de l'anatomie sociale et de ses diverses fractions, notamment de la démographie : science dont semblent trop souvent ignorer l'existence les sociologues ici visés, car les définitions qu'ils donnent de la sociologie s'appliqueraient parfois exactement à la démographie. Le fonctionnement des sociétés, à son tour, relève de la physiologie sociale et des différentes branches dont elle se compose : il n'y a point de phénomène social qui échappe aux prises de ces dernières, car il n'y en a point qui puisse être social sans être du même coup soit économique, soit domestique, soit moral, soit religieux, soit intellectuel, soit esthétique, soit juridique, soit politique, soit tout cela à la fois, et qui par conséquent n'intéresse ou l'une des sciences particulières dont nous avons donné la liste ou toutes ces sciences simultanément.

Notre conception est autre. Pour nous, la totalité du contenu des sociétés est épuisée, quand on en veut faire l'*analyse*, par les recherches des sciences sociales particulières. Mais, cette analyse une fois opérée, il reste à reconstituer le tout qu'elle a divisé pour en mieux approfondir chaque partie, il reste à faire la *synthèse*. Et telle est justement la tâche propre de la sociologie générale. Celle-ci a pour mission de rapprocher sans cesse ce que les sciences sociales particulières dissocient. Elle montre la constante liaison des phénomènes des divers ordres : économique, domestique, moral, etc..., en les considérant tous comme des phénomènes sociaux et en traitant chacun d'eux comme un simple aspect d'un fait qui présente bien d'autres faces encore. Elle explique ces phénomènes en les rattachant aux éléments dont ils ne font que manifester l'activité, en soudant de la sorte la physiologie sociale à l'anatomie sociale. Elle fait voir la continuité du processus par lequel, au sein des groupes humains, l'évolution dérive de la vie, le changement s'opère par le seul effet du fonctionnement normal des organes : elle réintègre ainsi la statique dans la dynamique, celle-là n'étant, à dire le vrai, qu'un fragment détaché de celle-ci. Ce qu'elle accomplit

de la sorte à l'égard du temps, elle l'opère aussi à l'é-
gard de l'espace : ici comme là, elle fond entre eux les
tronçons de la réalité sociale, elle montre la vie collective se produisant, de façon à peu près la même, dans
les régions les plus éloignées les unes des autres ; elle
note soigneusement toutes les analogies que les nations
présentent entre elles dans leur constitution et leur fonctionnement, sans omettre de signaler les différences et
les originalités ; elle tire parti de ces comparaisons
pour l'interprétation du contenu de chacune de ces collectivités considérée isolément, et elle utilise aussi les résultats acquis par la description particulière des diverses sociétés, pour l'intelligence des structures générales
et des fonctions communes ; elle met ainsi, au service
les unes des autres, les recherches descriptives et les
études comparatives. En un mot donc, elle se trouve
placée au confluent de toutes les investigations sociales.
Elle est à la fois le point d'arrivée où les auteurs de ces
investigations viennent concentrer leurs résultats les
mieux établis et les plus généraux, et le point de départ
d'où — après les avoir confrontés avec ceux de leurs
confrères, éprouvés et vérifiés par ce contact, réduits
s'ils les ont trouvés en contradiction avec d'autres données mieux établies, développés s'ils les ont vus au contraire s'harmoniser avec celles-ci — ils repartent, mieux
armés, plus éclairés, plus sûrs d'eux-mêmes et plus con-
fiants dans la science, à la conquête de l'inconnu. C'est
à elle qu'aboutissent, en somme, toutes les routes dont
le savoir humain a jalonné le domaine social. D'un bout
à l'autre de ce domaine, on l'aperçoit, comme de tous
les points d'une plaine on voit se dresser une haute
cime.

IV

La sociologie, telle que nous l'entendons, n'est pas une discipline unique en son genre. Il en existe deux autres qui lui sont fort analogues : la biologie et la cosmologie. Celles-ci jouent respectivement, l'une par rapport aux diverses sciences de la nature vivante, l'autre par rapport aux diverses sciences de la nature inorganique, le rôle qu'elle remplit elle-même par rapport aux multiples sciences sociales particulières : elles font la synthèse du tout dont ces sciences se partagent l'analyse. L'état dans lequel elles se trouvent actuellement est bien de nature à consoler ceux qui s'affligeraient de la lenteur des progrès de la sociologie. Car elles-mêmes sont fort loin de leur point d'achèvement. Si elles possèdent quelques principes certains, quelques généralités incontestées, les lois secondaires qui doivent relier ces principes au détail des faits particuliers leur font encore trop souvent défaut. C'est exactement ce qui arrive à la sociologie. Et pourtant, les sciences physiques et naturelles étant bien plus avancées que les sciences sociales puisqu'elles sont bien moins complexes, leur généralisation devrait être beaucoup plus avancée que celle de ces dernières. Si elle ne l'est pas, c'est que cette opération présente d'extrêmes difficultés intrinsèques (1), dont le temps seul pourra avoir raison.

(1) Sur lesquelles nous aurons à revenir, en ce qui concerne les sciences sociales, dans le volume qui traitera de la méthode de celles-ci.

Néanmoins, quelque imparfaites que soient encore ces trois études, cosmologie, biologie, sociologie, elles savent déjà se prêter fructueusement un mutuel appui. Et cela est vrai aussi des sciences particulières dont elles sont les synthèses. Ces divers ordres d'investigations reposent en quelque sorte les uns sur les autres, comme les objets mêmes auxquels ils s'attachent. Le monde vivant se fonde sur le monde inorganique, puisque l'être animé est composé de substances brutes. Et à son tour il supporte le monde social, puisque la société est formée d'individus vivants. Les différentes sciences se superposent donc comme en une pyramide à trois étages, plus étroits à mesure qu'ils sont plus élevés, et à chacun desquels on ne peut accéder qu'en passant par le ou les inférieurs. — Examinons une science sociale particulière : l'économie politique par exemple. Elle emprunte une série de données aux sciences biologiques et même aux sciences physiques. Ainsi, quand elle traite de la production, elle demande à la physiologie humaine quelle est l'alimentation normale de l'homme pour déterminer ce que le travail, à l'aide de la nature et du capital, doit créer en vue de satisfaire ce besoin primordial. Elle utilise, dans le même but, les résultats des études zoologiques et botaniques, pour savoir en quoi les espèces animales ou végétales peuvent contribuer à cette satisfaction. Comme les végétaux à leur tour doivent le plus souvent être cultivés, et comme une culture rationnelle exige qu'on mette à la portée de chacun d'eux, sous une forme assimilable, les substances inorganiques qui lui sont nécessaires (azote, acide phosphorique, potasse, etc.), il faudra que l'économiste ait à tout le moins quelque connaissance générale de la chimie. A côté de la production rurale il a d'ailleurs à envisager la production industrielle. Celle-ci se fait, surtout dans la grande industrie contemporaine, au moyen de forces naturelles captées et dominées par le génie humain : force du vent et de l'eau, vapeur, électricité, etc. L'économiste a donc aussi besoin de savoir le mode de genèse, d'action et de transformation de chacune d'elles, et il lui faut, par suite, s'adresser à la physique. A toutes les sciences moins complexes que la sienne il a quelque chose à demander.

Ce qui est vrai pour une science sociale particulière comme l'économique, l'est aussi pour la sociologie générale. Les idées directrices dont elle s'inspire, elle les tire en partie de la biologie et de la cosmologie, Les lois de la vie s'appliquent au monde social, puisque les sociétés sont faites d'êtres vivants et sont elles-mêmes analogues, dans une certaine mesure, à ces êtres vivants. Voilà pourquoi la sociologie a pu s'approprier un nombre important de concepts élaborés par la biologie. Elle a transposé dans son propre domaine, entre autres, la distinction de l'anatomie et de la physiologie, les notions de solidarité organique entre les parties d'un même tout, de circulation des richesses (comparée avec la circulation du sang), d'évolution vitale, d'adaptation au milieu, de maladie. Bien plus, elle a fait des emprunts à la cosmologie elle-même, sur le fondement de cette idée que les principes régissant l'univers dans son ensemble régissent par là même le règne supra-organique. Elle en a tiré la distinction de la statique et de la dynamique (fort différente, nous l'avons montré, de celle de l'anatomie et de la physiologie), les concepts de la force et de la résistance, la loi de moindre action, qu'on appelle souvent chez elle la loi d'économie.

Empruntant ainsi aux disciplines sœurs, elle leur a rendu nombre de services en échange. La biologie lui doit des inspirations d'une haute valeur. Par exemple, ce sont les vues de Malthus sur la concurrence entre individus humains dans la société qui ont amené Darwin à formuler l'esquisse de sa théorie générale de la concurrence vitale entre tous les organismes et de la sélection naturelle des plus aptes, théorie qui a renouvelé la biologie tout entière. C'est aussi en s'inspirant des recherches d'Adam Smith et de ses successeurs sur la division du travail social que des biologistes comme Henri Milne-Edwards ont été amenés à parler de la division du travail organique entre les éléments d'un même tout vivant. La théorie cellulaire, qui fait voir dans chaque individu une véritable association de cellules analogues chacune plus ou moins à un protozoaire, a tiré son origine d'une comparaison entre les organismes et les sociétés. Aujourd'hui même, les recherches sur le rôle des leucocytes et leur fonction défensive procèdent de la considération qu'il doit y avoir dans l'organisme, comme dans la société, un élément actif toujours en éveil pour repousser les périls du dehors et les agressions qui menacent l'être collectif.

La sociologie apporte-t-elle aussi quelque concours à la cosmologie ? Cela nous paraît plus douteux. Nous ne voyons pas que jusqu'à présent elle l'ait fort aidée dans ses progrès, et nous craindrions même pour notre part qu'on ne fondât ici sur elle trop d'espérances. Les sociétés étant choses infiniment plus complexes que les êtres inorganiques, il ne faut pas s'attendre à retrouver chez ces derniers les dispositions qu'on constate chez celles-là, et vouloir les y chercher risquerait de mener à des conceptions chimériques. Ce n'est pas que tout doive être faux dans ces spéculations. Peut-être trouvera-t-on un jour, par exemple, des lois quasi-sociales pour l'arrangement des atomes et des molécules chimiques. Mais il faut être très prudent dans cette voie et n'y jamais remplacer les données de l'expérience par les rêves de l'imagination.

Ce n'est pas ici le lieu de nous étendre sur les méthodes. Mais nous ne pouvons point ne pas dire, en terminant, que les sciences sociales ont appris des sciences physiques et naturelles l'usage de l'observation précise, rigoureuse et contrôlée, et qu'en retour elles leur ont fourni l'un de leurs propres procédés d'étude, le procédé statistique, dont la biologie fait déjà un large usage. Tout cela sera montré en détail dans notre prochain volume.

V

Le caractère que nous venons de reconnaître à la sociologie soulève une dernière question. La sociologie est-elle une science, ou ne serait-elle pas plutôt une branche de la philosophie ? La solution dépend, évidemment, de l'acception précise qu'on donne au mot science. La sociologie étudie les mêmes objets que les sciences sociales particulières : les éléments et les faits sociaux. Seulement elle les envisage à un autre point de vue que celles-ci : au point de vue général et synthétique, et non au point de vue spécial et analytique. Or, pour qu'une science existe, faut-il nécessairement qu'elle ait un objet à elle, lequel n'appartienne d'aucune manière à aucune autre science ? ou suffit-il au contraire qu'elle ait sa façon propre de considérer un objet, qui peut ressortir par ailleurs à une autre science déjà constituée, laquelle le regarde sous un autre aspect ? Suivant qu'on adoptera l'un ou l'autre parti, on admettra, dans le premier cas, que la sociologie ne saurait être une science proprement dite, dans le second cas, qu'elle peut en être une. Nous estimons, quant à nous, que la question n'est pas de celles qui doivent être longuement discutées. Car il n'y a point d'argument décisif qui permette de la trancher dans un sens ou dans l'autre. Elle est de celles que chacun résout suivant ses tendances d'esprit individuelles. Elle ne repose, en somme, que sur une définition de mot, et l'on sait que, d'après les logiciens, les définitions de cette sorte sont libres.

Nous proposerions volontiers, personnellement, une solution transactionnelle. Nous dirions, d'abord, que la sociologie se rattache de fort près aux sciences et que tous ses procédés doivent être d'ordre scientifique. Elle emprunte, en effet, toute sa matière aux études sociales analytiques ; elle ne fait point par elle-même l'investigation détaillée du monde social, mais elle la trouve toute faite dans des sciences spéciales antérieurement constituées ; elle n'a qu'à rapprocher les données de ces diverses sciences pour les contrôler et les compléter les unes par les autres. Mais ce travail d'assemblage lui-même suppose l'emploi d'une méthode scientifique : la synthèse a, tout comme l'analyse, ses procédés précis et rigoureux, classification, découverte des causes, établissement des rapports, induction, déduction ; tout cela exige une marche infiniment prudente, astreinte à des règles aussi sévères que celles de l'observation et de l'expérimentation proprement dites. Scientifique par les données qu'elle utilise, la sociologie l'est donc aussi par la manière dont elle les assemble.

Seulement nous reconnaîtrons, d'autre part, que cette tâche elle-même peut être considérée comme étant dans son essence d'ordre éminemment philosophique. La philosophie en effet n'est plus de nos jours, pour les penseurs les plus autorisés, une métaphysique spéculant dans l'abstraction pure sur les origines et les fins de toutes choses. C'est une étude positive cherchant à coordonner en des lois exactes les résultats des investigations concrètes faites sur le réel par des observateurs consciencieux. Elle ne tire plus de l'esprit lui-même une vue d'ensemble sur le monde. Elle demande au monde ses secrets, tels qu'il les a révélés aux savants, et elle résume, en les vérifiant, les conclusions de ceux-ci. Elle n'interroge plus l'esprit que pour lui demander la limite du savoir qu'il peut contenir. Sa méthode générale n'est plus surtout subjective, mais objective. S'il en est ainsi, on aperçoit sans peine que la sociologie a sa place toute marquée dans le cadre des travaux philosophiques, et l'on doit même dire qu'elle devient l'une des sections essentielles de la philosophie. Cette dernière en effet doit concentrer en elle ce qu'il y a de plus général dans les sciences physiques, naturelles et sociales. Elle groupe donc en un même faisceau la cosmologie, la biologie et la sociologie. Elle les rapporte toutes, d'une part, au sujet qui crée la science, d'autre part et principalement, à l'objet sur lequel porte cette dernière : elle fait à leur égard œuvre critique et œuvre constructive tout à la fois. La sociologie est donc une de ses « maîtresses branches », et serait fondée à se dire, en raison de la place supérieure que la société occupe parmi les êtres de l'univers, sa branche la plus élevée.

Cela même jette un jour particulier sur le contenu de la sociologie. Nous avons dit précédemment qu'elle est à la fois le point de départ et le point d'arrivée des sciences sociales particulières. Nous sommes mieux en mesure de comprendre, maintenant, ce que signifie cette formule. La sociologie est le point de départ des sciences sociales particulières : car elle leur donne à toutes l'essor, en fixant à chacune d'elles son objet propre, à la fois distinct des objets de toutes les autres et lié à tous ceux-ci, et en leur traçant à toutes leurs méthodes avec leurs points communs et leurs caractères spéciaux. Elle est en même temps le point d'arrivée de ces diverses sciences particulières : car elle reçoit leurs conclusions à toutes, et c'est avec celles-ci qu'elle édifie sa propre synthèse. La sociologie nous apparaît donc ici comme ayant exactement les mêmes caractères que ce que nous avons appelé, dans l'introduction de ce livre, la philosophie des sciences sociales. Entre ces deux termes, il y a pour nous adéquation. Voilà pourquoi la sociologie nous semble être une branche de la philosophie, tout en étant une recherche scientifique, puisqu'elle est une fraction de la philosophie générale des sciences. Voilà aussi pourquoi nous eussions pu intituler cet ouvrage : *Traité de Sociologie*, si nous n'avions craint de préjuger ainsi de la nature tant discutée de la sociologie et s'il ne nous avait paru plus correct — pour faire connaître avec précision dès l'abord ce que nous comptions y étudier — d'annoncer par son titre même qu'il y serait traité de la société humaine au point de vue purement philosophique. Quand nous aurons, au cours des trois volumes qui doivent le constituer, fait successivement l'examen de l'objet, de la méthode et des conclusions des sciences sociales, au point de vue le plus général, nous croirons avoir, dans la mesure restreinte de nos forces et avec l'espoir d'être bientôt dépassé par d'autres, fait œuvre de sociologue : car nous ne voyons pas que, pour mériter ce dernier nom, il y ait autre chose à étudier, la philosophie des sciences sociales étant la sociologie elle-même.

TABLE DES MATIÈRES

INTRODUCTION

Pages

But, division et esprit de cet ouvrage.............. 1

PREMIÈRE PARTIE

LA SOCIÉTÉ

CHAPITRE PREMIER. — Le domaine social............ 11
  I. Phénomènes sociaux et êtres sociaux........... 11
  II. Etendue du domaine social.................... 18

CHAPITRE II. — Le concept de société.............. 24
  I. Ce qu'implique la société. La société n'est pas
     l'humanité, mais le groupe national........... 24
  II et III. Peut-elle être moins étendue que ce groupe ? 28,30
  IV. Peut-elle être plus étendue ?................. 33
  V. Peuple, nation, société, Etat.................. 36
  VI. Variations du concept de société dans le temps.. 3

CHAPITRE III. — Réalité de l'être social.............. 45
  I. Organicisme et contractualisme................ 45
  II. L'organisme ou superorganisme social......... 47
  III. Le lien mental et politique de la société........ 56

SECONDE PARTIE

CONTENU, VIE ET ÉVOLUTION DE LA SOCIÉTÉ

CHAPITRE IV. — Les éléments sociaux 63
  I. Eléments humains de la société ; leurs groupe-
     ments variés................................. 63
  II. Eléments non humains de la société........... 70

CHAPITRE V. — Les faits sociaux................... 78
  I. Essence des faits sociaux : imitation, contrainte,
     concours 78
  II. Caractères généraux externes des faits sociaux :
      multiplicité, complexité, diversité dans l'espace,
      variation dans le temps....................... 86
  III. Caractères généraux internes de faits sociaux :
       mentalité, causalité, régularité, finalité imma-
       nente 92

CHAPITRE VI. — Classification des faits sociaux...... 100
  I. Diverses classifications proposées.............. 100
  II. Notre propre classification 104
  III. Organes sociaux préposés à l'accomplissement
       des différents ordres de faits sociaux........... 117

CHAPITRE VII. — Corrélation des faits sociaux....... 123
  I. Théories sur le lien des faits sociaux............ 123
  II. Le matérialisme historique....... 124
  III. Critique du matérialisme historique........... 131

IV. L'intellectualisme historique..................... 134
V. Unité des faits sociaux 137

CHAPITRE VIII. — L'évolution de la société.......... 140
I. Ce qui change dans la société.................. 140
II. Comment se font les changements sociaux...... 145
III. Différence entre l'évolution et le progrès....... 148

TROISIÈME PARTIE

LES SCIENCES SOCIALES

CHAPITRE IX. — La science et l'art................. 157
I. Différence de buts entre la science et l'art....... 157
II. Différence de méthodes........................ 162
III. Analogies partielles.......................... 166
IV. Correspondance et liaison de la science et de
l'art.. 171

CHAPITRE X. — Divers aspects des sciences sociales.. 175
I et II. Statique sociale et dynamique sociale. Anato·
mie sociale et physiologie sociale. Différence de
ces deux divisions. Leur rapport....... 175 et 180
III. Sciences sociales descriptives et sciences sociales comparatives.............................. 185

CHAPITRE XI. — Tableau des sciences sociales........ 191
I. Enumération des sciences sociales véritables..... 191
II. De quelques prétendues sciences sociales....... 196
III. Liste des arts sociaux 201

CHAPITRE XII. — Rapports des sciences sociales entre
elles et avec les autres sciences.................. 208

I. Nécessité d'associer dans la recherche les diverses sciences sociales.............................. 208

II. Impossibilité d'une science sociale unique....... 211

III. La sociologie générale : son rôle synthétique en face des sciences sociales particulières........ 214

IV. Relations des sciences sociales avec les sciences physiques et naturelles, et de la sociologie avec la cosmologie et la biologie.................. 218

V. Relations de la sociologie avec la philosophie générale................................... 222

IMPRIMERIE F. DEVERDUN, BUZANÇAIS (INDRE).